大任智库-转型丛书

企业生命力

探寻企业的长寿基因

◎ 郭明全 编著

江苏人民出版社 | 凤凰经管

谨以此书献给

致力成就中国百年企业的

商界英雄们！

目 录

企业生命力
QIYESHENGMINGLI

引言 / 1

1 从《大败局》一书说起 / 3

2 什么样的组织生命力强 / 5

3 为何日本“百年老店”多 / 7

4 世上最长寿企业:金刚组 / 10

5 欧洲古老家族企业的长寿经 / 17

6 美国最“老”企业探秘 / 25

7 世界500强中年长者——杜邦 / 30

8 血脉相继,美国家族企业永续之根 / 37

9 李锦记:一家中式百年老店样本 / 45

10 企业传承之重:交接班 / 53

11 韦尔奇选人和柳传志分家 / 65

12 要远行,“稳”与“静” / 75

13 慧聪国际的凡生洞见 / 81

14 企业家的生存智慧:危机意识 / 96

15 复星:“抱着孩子”经营 / 100

16 没有战略的公司迟早会死 / 103

17 优秀，企业能活下去的理由 / 111
18 极致，长寿企业的“生活”态度 / 115
19 缺道德 无诚信 活不长 / 122
20 声誉是企业的命门 / 125
21 企业生命的永动力：创新 / 131
22 变革是一种新陈代谢 / 141
23 TCL：像鹰一样重生 / 151
24 腾讯：拥抱变革 迎接未来 / 156
25 有文化的企业才有活力 / 160
26 稻盛和夫的医术：拯救日航 / 172
27 企业生命的嫁接：文化融合 / 180
28 自利而生 利他则久 / 189
29 生命的坚忍：过冬的本领 / 195
30 像“泥鳅”一样，做“隐形冠军” / 200
31 破解企业的死亡法则 / 204
32 有多少企业和企业家可以重来 / 208
33 华为会不会倒下 / 220
34 基业长青——企业永续经营的准则 / 227
35 企业：如何长成一棵大树 / 232
36 公司为什么活着 / 237

后记 / 243

自 序

企业生命力
QIYESHENGMINGLI

10年前我应邀到北京大学为“企业软实力”培训班讲课，课题是我自定的“企业生命力——有多少企业和企业家可以重来”。

之所以选这一课题，是因为我在就职的中国·太平洋建设集团刚刚经历了一场企业的“大生大死”。

我原先在新华社江苏分社工作，2004年底加盟太平洋建设，任总裁助理、企业文化部长，兼江苏红商务俱乐部董事长。当时，企业刚刚从小到大，发展气势迅猛，员工们也个个充满激情，以企业为傲。老板严介和先生更是风光无限，带领企业攻城略地，声振四方，一时成了商界的英雄和媒体的明星，2005年还雄踞胡润富豪榜的年度榜眼，与首富国美的黄光裕财富相若。可不到两年，公司发展失控，资金链几近断裂，公司被频频追债，经营深陷困局，难以为继。员工们只得纷纷离散，企业风光不再。

这段经历可谓刻骨铭心，让我有了很多领悟，也促使我跳出企业看企业，开始从外到内，从现象到本质地去思考一个似乎比较哲学的问题——“企业的生命力”。

近10年来，我主要从事企业管理诊断、咨询和企业危机管理培训，除了密切关注经济形势和商业生态的变化，平时更是接触了数以万计的企业和企业家，大到很多“中”字头的公司，如中石油、中移动，小至三五人、百来人的小公司。在和他们的交流和为他们服务的过程中，我自然会利用各种机会去寻找、验证有关“企业生命力”的种种思考和发现。

去年底，南京大学中华文化研究会有意聘请我做研究员，并提出要我报一个研究课题，瞬间，我脱口说出了“探求企业的长寿基因”，如何？

得到认可后，我开始下笔，写着写着就变“味”了，变成了您面前的这本书。

说实话，本书无力回答完“企业生命力”这一宏大命题，所以，本书和我以往写的几本书不同，更多的是将自己收集的有关资料比较完整地呈现给大家（当然，某些资料的准确性尚无法完全确认），同时辅以自己的阶段性思考，以飨读者。

对于书中引用的很多网上资料，在此谨向有关作者、网站深表谢意，如有不妥，请与我联系。

欢迎大家交流探讨和批评指正。

二零一六年二月

引　言

企业生命力
QIYESHENGMINGLI

众所周知，企业是有生命的，因为企业会死。

美国管理学家阿·德赫斯较早在《有生命的公司》一书中分析指出：在过去的二十年里，《财富》杂志评选出的全球500强企业，平均寿命也大约只有50年。

美国《财富》杂志也曾报道：美国大约62%的企业寿命不超过5年，中小企业平均寿命不到7年，一般的跨国公司平均寿命为10～12年，只有2%的企业存活达到50年。

有资料显示：美国现有每年成立的小公司约有50万家，其中一年内有20%完全失败，60%受到挫折，只有20%能够成功。

日本《调查日报》统计，日本公司的成功率也只占11%～12%。欧洲、日本中小企业的平均寿命为12.5年。

而在中国，有统计表明中小企业平均寿命只有3.7年，其中，小微企业还不到3年。每年有近百万家企业倒闭。

企业为何英年早逝，生命如此脆弱？

另据我的观察和调研，中国“亚健康”企业的占比至少超70%（据2014年博思数据：中国亚健康人群达70%）。

从医学上讲，决定生命健康的内在因素是基因，基因支持着生命的基本构造和性能。

那么决定企业生命的基因是什么？

企业又如何能长寿呢？

1

从《大败局》一书说起

想必很多人都看过或听说过著名财经作家吴晓波先生于 2001 年出版的《大败局》一书。书中认真选取、分析了当时中国十大企业的失败案例:瀛海威、秦池、爱多、玫瑰园、飞龙、巨人、三株、太阳神、南德、亚细亚,以求总结经验、发现规律、启迪后人。

吴晓波在序言中写道:希望用我们的"解剖刀"和"显微镜",从它们各自的败局中提取出宝贵的"失败基因"。

因为研究发现,中国许多企业家的肌体内潜伏、滋生着一些共同的"失败基因"。

他列出了三点:

一是普遍缺乏道德感和人文关怀意识。

具体表现为:对民众智商极度的蔑视,在营销和推广上无不夸大其词,随心所欲。对市场游戏规则十分漠视,对竞争对手冷酷无情。

二是普遍缺乏对规律和秩序的尊重。

在捍卫市场公平这个层面上，他们的责任感相当淡薄，个人道德与职业道德分裂。对社会和整个经济秩序的均衡有序缺少最起码的责任感，相当一部分以“不按牌理出牌的人”为标榜。

三是普遍缺乏系统的职业精神。

作者发现，中国离一个真正的“企业家经济”还相距甚远，并由此呼吁：一项比技术升级、管理创新乃至种种超前的经营理念更为关键的工作是塑造中国企业家的职业精神和重建中国企业的道德秩序。

不难看出，上述三点都涉及一个关键词：道德。

按此简单的逻辑推理可知：企业道德的好坏与企业的成败生死关系极大。

不仅如此，《大败局》给出的启示是：我们可以从企业的运行状态，病理表征中感知和发现出侵蚀企业生命力的因子。我们进一步可以反向推论，那些导致企业失败、死亡的因素极有可能也是企业成功、长寿的关键因素。

事实足以证明“道德”就是这样一种因素。

谁能反驳呢？

2

什么样的组织生命力强

几年前，一位美国前加州大学校长写过一本书，书中写道：1520 年全世界成立的各种组织中，现在仍用同样的名称，以同样的方式，做着同样的事情的只剩下 85 个组织，在 85 个里面 70 个是大学，另外 15 个是宗教组织。

这应该是一个有趣且重要的发现，这说明了什么？

既然大学和宗教组织是“长寿型”组织，那它们有什么共同基因？

我把这个问题提交给“百度知道”，百度即刻将问题推送给 3283 位“知道网友”。

很快，有位知道网友武汉田明高回答了我的提问。

他说：“大学教育与基督教分不开的，历史/文化/艺术都是从教会发展而来的，我国很多著名大学以前都是教会创办学校升级来的！”

也就是说，大学与宗教有同根同源性。

社会科学认为宗教是人类社会发展到一定历史阶段出现的一种文化现象，属于社会意识形态。主要特点为：相信现实世界之外存在着超自然的神秘力量或实体，使人对其产生敬畏及崇拜，并从而引申出信仰认知及仪式活动。

我的理解是，宗教的核心是一种精神信仰。大学本质上也是一种信仰，崇尚知识的力量、科学的力量，是一个追求和实现崇高理想（科学报国、改变世界、为人类造福）的场所。

由此推断：**“信仰”是一个组织长寿的重要基因**。

企业有没有“信仰”，显然与企业的生命力相关（关于这一点，后面有更多的实例会加以佐证。《基业长青》、《从优秀到卓越》的作者吉姆·柯林斯针对“企业如何渡过危机”这一问题的研究结论是：第一，必须有信仰；第二，靠员工。）

有人能举出反例吗？

3

为何日本“百年老店”多

新浪财经日本站站长蔡成平曾于2013年7月25日发表过一篇文章，题为“多到惊人的日本‘百年企业’”。

文中提到：

若说创业超过100年就算“长寿”的话，那么全球大多数“长寿企业”都集中在日本。

东京商工调查的数据显示，创业史超过百年的日企多达21666家，而1975年后才建立的公司仅620家。

从数量上来看，日本的中小企业多达460万家，而所谓的“大企业”①只有16653家，像丰田、索尼、夏普等广为人知的巨头就更是少得

① 注：通常是指资本金1亿日元以上、职员数超过100人的企业。

可怜。

日本的产业乃至整个经济实际上是靠中小企业在支撑，比如丰田汽车下面就有无数的中小企业在供应核心的零部件，而丰田汽车更大意义上只是一个组装厂，在这些中小企业中，“百年企业”占了相当大的比例。

更准确地说，东京商工的统计还仅限于其掌握信息的企业。据拥有亚洲最大企业资信数据库的日本帝国数据银行统计，截止2010年8月，日本的百年企业共22219家，创业超过1000年历史的企业有7家，超过500年的有39家，超过300年的有605家。尤其特别的是日本的寺庙建筑公司“金刚组”，它是世界现存的最古老企业，创办于公元578年，衣钵相传，至今已四十余代。

尽管如此，日本研究专家们仍普遍认为，东京商工和帝国数据银行的调查都未能完整反映日本百年企业的实情。“日本还有大量的百年企业不为外界所知，若全部统计，估计总数至少近10万家”，日本东方通信社社长古川猛对笔者如是说道。“长寿企业”研究专家横泽利昌教授也推定认为，日本百年企业的实际数量恐怕超过10万家。

此外，韩国央行2008年曾发布过一份调查报告《日本企业长寿的秘密及启示》。报告称，全世界创业200年以上的企业共5586家，日本多达3146家、占了近60%，远多于排第二位的德国(837家)。而日本经济大学教授后藤俊夫的调查则显示，创业超过200年的企业，日本实际上多达3937家，德国约有1850家。

各种调查统计的数据虽然存在差异，但无疑都表明，从世界范围来看，日本百年企业之多，实在令人惊讶。若将视野缩至同受儒家文化影响的亚洲地区，这一“异常”状况，就更加一目了然。

在韩国，有句民谚叫"店铺难续三代"，这大致相当于中国所称的"富不过三代"。据日本拓殖大学教授、百年企业研究专家野村进调查，目前韩国没有真正意义上的百年企业或百年老店。韩国《朝鲜日报》也在2005年12月18日的报道中感叹，"在韩国，京城纺织、三养、柳韩洋行等都只不过80年左右的创业史"。

台湾地区的百年企业数量，尚未查到可靠的统计，但综合各种信息查找，可以查到的有彰化商业银行、台湾菸酒、丸庄酱酒、旧振南、度小月、金长利、台湾度小月担仔面、大同酱油、山东小磨香油食品店、王德传茶庄、有记名茶、郭元益、玉珍斋、李锦记等。但实际上，其中的大部分都是当年随国民党政权一起迁台的大陆企业。

中国大陆的百年企业也少得可怜。据悉，创业历史超过150年的企业只有六必居、张小泉、陈李济、同仁堂、王老吉等几家。创业超过100年的企业还有全聚德、云南白药、青岛啤酒等，但总体数量并不多。

通过这些比较不看发现，全球的长寿企业在日本得到高度集中。为何会发生这样的"异常现象"呢？

尽管文中的数据不一定精确，但这一"异常现象"是客观的。

无疑，求解这一现象，将有助于我们寻找企业长寿的基因。

4

世上最长寿企业:金刚组

话说公元 578 年,南北朝时期的中国正处于战火纷飞之际。此时,在“飞鸟时代”的日本,伴随着佛教的传播,专营佛寺建筑的株式会社金刚组(Kongo Gumi,以下简称“金刚组”)诞生了。令人惊奇的是,至今 1400 多年了,它还好好地活着①。

2014 年 1 月 11 日,当一年一度的手斧开工仪式举行时,金刚组成员们依然像先祖那样,齐步走向四天王寺的金堂。

“金刚组”现象是否能揭开日企长寿的秘诀?

对此,学者刘佳、梁雪 2015 年在《经营与管理》杂志上撰文进行了总结分析。

---

① 从这一点看,企业生命与人的生命又有很多不同之处,如,从生理上讲每个人只有一次生命,而企业可以多次再生。

“金刚组”——世界上生存时间达1400多年的古老企业,作为日本长寿企业的代表,历经了发展与蜕变,有辉煌也有没落。秉承着专注、精进的“职人技”精神,通过不断创新发展、潜心努力,金刚组实践了“道生之,德蓄之,物形之,势成之”的企业生命法则,创造了永恒的价值。

道生之——立足产品原点和企业初心

“道”生成万事万物。对于企业来说,最初的“道”就是企业创建的本心及其产品、服务所追求的根本理念。对金刚组来说,一切都要从佛教在日本的兴起及佛教建筑的开端说起。

公元578年,奉圣德太子之命,为了兴建“四天王寺”,金刚组成立。在此后1400多年岁月中,金刚组以承建佛舍、寺庙等宗教建筑为主,留下了大量珍贵杰作——607年建造的法隆寺,被誉为日本木造建筑的巅峰之作;16世纪组织修建的大阪城,是险要的军事要塞,也是美丽壮观的日本“三名城”之一;德川幕府时代建造偕乐园、兼乐园、后乐园,是日本的重要文化遗产……

“我们建造的宗教建筑,是那个时代每个人信仰的集大成。这种压倒性的庄严感、极乐净土的具现化和神佛面前的纯粹,是被历史永远镌刻的。”这些“凝固的音符”,千年来诉说着金刚组对于佛寺建筑的虔诚信仰和执着追求。

在日本TBS电视台的栏目中,金刚组工匠加藤博文介绍,立柱、大梁、雕花等,完全由手工制作。采用世代传承的古法,木柱和横梁的接驳关节,全用纯木材纵横卡位技术来支撑屋顶,不用钉子是为了百年后修复保持最佳效果。当今天检修时，拆开柱子与横梁连接的内侧部位时，往往能见到“坚固田中”的字样。“千百年前的金刚组师傅们，就是这样告诉未来工匠的——这个时代是我创造的！”一位曾参与法隆寺修复的工匠也骄傲地表示：“等到两三百年后拆开这些建筑物时，那些木匠会由衷赞美：这活儿干得真棒！”

金刚组成员们就是这样将先人们对优秀产品的理念与精湛的传统技艺继承下来，以自身对建筑品质精益求精的追求，传递给后人们一种深刻的使命感——这种千年如一日，对建筑的专注和对传统的使命感，作为日本人“絆”的人生美学的一部分，已经深深渗入每位金刚组匠人们的心中。

概括来说，这就是金刚组官方网站上展现的企业魂——匠的精神：职人技！

德蓄之——不断精进的匠人精神

日本《老店企业研究》报告称，日本百年老店中约有50%是从事制造业的。许多老店中的匠人们，世代埋头提高技艺，孜孜不倦地改善品质。

“匠人”在日文中写作“職人”。匠人精神强调对手艺的精益求精，用日本人自己的话讲：“是追求自身手艺进步，并对此持有自信，不因金钱和时间的制约扭曲自己的意志或做出妥协，只做自己认可的工作。一旦接手，就算完全弃利益于不顾，也要使出浑身解数完成。”

对金刚组来说，对建筑技艺与品质的执着，一方面，表现在对传统工艺理念、形态与方法的传承——这些精湛的建造施工方法不仅在《施工方法汇编》中世代传承，也蕴含于他们的每一件作品中；另一方面，更表现在对技术改善与技术创新的不懈追求中。金刚家族将建筑工艺的改良与提高作为其生存发展的核心，将工匠事业和工匠精神尊为企业与员工的永恒目标。一千多年来，他们不断吸收西方、中国的建筑手法，结合最新技术，与自身传统的工艺巧妙结合，为世人留下了一件件经得起时间考验的建筑瑰宝。

专注、精益的匠人精神，使集体智慧得以长期沉淀，这种"内生性"的持续改善能力，支撑着金刚组长期经营和稳步发展。同时，这种以"匠人精神"为核心的"企业之德"，不仅成就了金刚组千年基业长青，也是让整个日本制造业屹立于世界舞台的重要原因。

日本著名建筑设计师安藤忠雄，曾与著名的建筑公司"大林组"合作设计东京"表参道之丘"。完工后施工人员自豪地表示："表参道之丘全长250米，分毫不差，这是身为技术人员的自尊心。"安藤忠雄认为，自己设计的建筑"都是属于我自己的所有物，只不过暂时借给客户使用一下而已"。

可见，这种精神超越了对短期利润的欲望追求，成为一种对自我、对他人、对国家、对信仰的承诺与尊重，责任与践行。这种"厚德"，是支撑着长寿企业走过漫漫时空无数诱惑的精神内核。

物形之——专注本业、灵活管理

在一个珍贵的桐木箱子中，至今保存着1801年金刚组第32代首领金刚喜定的遗言家训，主要包括：敬神佛祖先；节制专注本业；待人坦诚谦和;表里如一。其中的“专注本业”,在金刚组的兴衰史中,显得格外攸关生死。

在行业领域和经营方向上,金刚组由宗教建筑起家,在佛教流行的古代日本社会,有着较强的生存空间和稳定性。不过,也正是这种与意识形态联系较密及需要政策支持的缘故,随着时代的变迁,对其业务经营造成了很大考验。

明治维新时期,天皇废佛毁寺,大规模反佛运动让金刚组失去了原有的业务。面对这种不可逆转的局面,工匠们开始转型商业建筑的建造维修,度过了危机。二战期间,建筑业全面凋零,金刚组又转向军用木箱和棺材生产,躲过一劫。不过,金刚组并没有离开建筑领域,无论是基于核心业务的纵深开发,还是通过较低的木材处理工艺暂时生存,金刚组都顽强地活了下来。

然而,坚持主业对任何一家公司来讲都是很难的抉择。金刚组最终没能抵挡日本房地产热的诱惑,在后来的泡沫经济中遭受重创,资产严重缩水,不得不在2006年宣布清盘。幸运的是,大阪知名建筑公司高松建设施以援手,对金刚组进行了重建,使其重新回到了业务原点。今天,金刚家族家训中的名句——“莫贪图赚太多钱”,再次警示着它的每一位匠人。

除了专注本业以外,金刚组在组织架构与继承人问题的选择上表现出了较大的灵活性。家族内部灵活竞争、互相制约的组织架构非常独特。日本匠人大都是自由职业者,而金刚组却不同。上层有总部和“堂主”,下设畑山组、木内组、加藤组、木口组、土居组、羽马组、岩崎组和北野组等8个组,每5～8人为一组,各组密切配合又相互独立、互为竞争。按照客户需求和工事特点,评估各组的特点和水平,再决定和指派相应工作。这种方式既节约成本、提高效率，又保证了最佳的资源配置，形成了一种相互信赖、相互制约的平衡关系和竞争机制，激发了企业创造力。

在继承人选择上，金刚组敢于挑战传统、灵活应变。他们不采用传统的长子继承制，而是选择有责任心、有智慧、敬业奉献的儿子继承基业。有时，甚至也不限于儿子继承。1934年，第37代首领金刚治因经营不善自杀，家族任命其妻子吉江挑起重担，成为第一位女首领，最终摆脱了继承人危机。

势成之——传承与重塑

金刚组的匠心匠魂，造就了屹立不倒的佛寺建筑，也造就了企业长寿的原始基因，流淌在组织机体中。在这种经营理念和文化土壤的基础上，千百年来，金刚组在业务定位、公司治理等方面，进行了不懈的探索。因势成事，传承重塑，这是金刚组这样的古老企业无法回避的问题。

金刚组的工匠曾说："传统需要很长时间慢慢建造起来。作为世界上最古老的企业，今天拥有的只是认真走过这一步步，以后也将继续这样前行。"家族式经营结束了，但新公司在一定程度上仍延续了传统的组织结构、经营模式和品牌，同时，不断探索新变化下的转型之路。

重塑与改变是肯定的，关键是何时改变、如何改变？从金刚组的选择上看，一是业务经营上回到了原点，继续专注于寺庙园林建设与维修的核心业务；二是实现了企业所有权与经营权的分离，引入职业经理人，内部各个组开始法人化；三是强化现代企业管理，变革传统的人事关系，进一步强化经营意识和成本意识。

上文通过透析金纲组“道生之，德蓄之，物形之，势成之”的生命法则，从一侧面给我们展示了日本“百年老店”的永续之道。

5

欧洲古老家族企业的长寿经

不仅是日本的企业，人们发现，现在世界上拥有二百年历史的公司无一例外几乎都是家族企业。当然，今天的家族企业已突破了过去狭隘的家族牢笼，一定程度上已是实现了社会化的家族企业。

日本家族企业的长寿之道，前文已有所揭示，那欧美家族企业长寿又靠什么呢？

假如我们以家族企业传承已超过 200 年，且仍由创始人家族或后裔的掌控，并且公司的财务情况依旧良好，家族成员在公司管理层或公司治理中表现活跃为考量标准，来看看以下三家满足条件的欧州公司有何“基因”发现①。

① 引自网络“全球最古老家族企业长青密码”。

Viellard家族：灵活设计所有权

VMC公司（ViellardMigeon&Cie）由Viellard家族创设，自1796年起一直坐落于法国东部，其专长是炼制、打造钢铁制品。这家公司从最初到现在，一直以强硬的态度保持着本土制造的传统，虽然产品销售的触角已经遍及全球。VMC麾下45家工厂，有一半都在法国；工厂里的员工们也保留着地方性的知识、传统以及民族文化；VMC甚至将一部分原来居住在英国制造业基地的家族成员迁回法国，确保家族传承下来的专业知识可以在法国的土壤上生生不息。

VMC总裁伊曼纽尔·维尔拉德（EmmanuelViellard）解释说："家族与每一个成员、与生意、与工厂的亲密度，是企业长久存续与不断成功的保障。这种密切让我们远离财务与距离的干扰，在决策上更明智、更迅速。"

此外，其最主要的三大制造活动都集中在增加钢丝的附加值上，每一块业务的发展除却孜孜不倦的创新战略，也都离不开与客户的密切接触。

如今，VMC公司已经是一家世界领先的渔具企业，是专业鱼钩领域的全球领导者。其在成长与扩张的道路上自然离不开兼并，2000年，VMC公司成功收购了芬兰渔具公司乐伯乐（Rapala），它是当时全球首屈一指的假鱼饵生产商。兼并完成后，VMC公司的Viellard家族成员们只是少数股东，仅掌握了新集团13%的股份，但他们的战略目标从一开始就极其明确：当PE所有权到期时，他们要逐个从这些私募股权投资者手里购回股份。如今，Viellard家族已经拿回VMC一

Rapala 集团的主导权，家族占股比例达到 45%，可以控制集团发展的长期愿景，以及改变公司的发展战略。如果不是这项灵活的持股变动设计，VMC 公司及其家族也不可能扩张成为世界级跨国企业，产品遍布 45 个国家。

灵活的控股公司所有权设计不仅是 VMC 公司壮大的助力，而且在公司的传承发展中扮演着重要角色。维尔拉德总裁介绍称，目前家族大约有 1500 名成员，每位家族成员都必须优先考虑公司的长期发展；其中 140 人拥有股权，且这些家族股东中总有一部分人的股权份额超过其他股东，以确保他们能在关键时刻发挥出“革命效力”，否决一些不利于公司长期发展的要求。此外，公司设有外部董事会成员组建的提名委员会，负责从家族成员里选出新的股东，这一结构有利于克服公司所有权引发的矛盾与障碍。

DeKuyper 家族：“外包”继承人选拔权

荷兰迪凯堡皇家酒厂（DeKuyperRoyalDistillers）如今已跻身世界第一流的酒饮料生产厂商行列，其产品出口到全球 100 多个国家和地区，年销售量数以千万计。其历史可以追溯到 350 年前，自 1695 年起，DeKuyper 家族就开始利用蒸馏器生产利口酒（liqueur，餐后甜酒）。在长达三个多世纪的历史里，这个家族不断改良治理结构，以降低一代一代之间传承的成本，和缓矛盾。

其中比较典型的举措包括制定家族章程，设立一个不具有行政职能的监事会（主要由非家族成员组成），专门负责选出下一任接班人。这种“外包”的决策形式与流程替代了传统家族企业“子承父业”的继承模式，详尽的家族规章则对最佳候选人的能力、品行做出了规定，这些候选人甚至也可以不是家族成员。DeKuyper 家族的章程明确要求挑选出来的 CEO 必须在家族企业总部外围工作满五年，接受过一定水平的教育，并且对家族事业展现出真正的兴趣。

迪凯堡皇家酒厂前任 CEO 鲍勃（BobdeKuyper）解释称："上述举措的目标是把家长从挑选接班人这项复杂艰巨的任务中解放出来，要知道，在自己的孩子里进行选择太为难人了。同时，有助于保持家族的团结。"

这一继任措施如今正在发挥作用：鲍勃的儿子马克（MarcDeKuyper）目前正在努力证明自己有实力从外部任命的 CEO 本·范·德斯堡手中接任公司 CEO。五年里，马克在家族的美国子公司里表现优秀，不断晋升。不过，如果马克想要有朝一日接手荷兰本部的家族事业，还需要挑战一个严苛的选拔过程。下一任继任者必将面临诸多变数，但有一点可以肯定：DeKuyper 家族精密的继承计划将一直是家族事业的重要组成部分。

当然，DeKuyper 家族的长青基因不仅在于治理结构设计，专注酒饮料这一利基市场、始终把业务重点放在利口酒和鸡尾酒上，也是成功的重要原因。虽然这家公司的全球化程度不断增加，但是产品没有多元化，最大、也是唯一的改变，就是从仅仅生产地域性的产品，如日内瓦杜松子酒，转向生产更国际化、更吸引年轻群体的鸡尾酒。此外，与其他跨越世纪的古老家族企业一样，DeKuyper 家族也与时俱进，改良、更替了产品生产线。

VanEeghen 家族：350 年来不断变革

VanEeghen 家族大约于 1633 年创建于阿尔登堡(此地现在位于比利时境内)，经营布匹生意。VanEeghen 集团由家族第二代成员雅各布成立于 1662 年，最初是一家商品贸易公司。19 世纪末，该集团改变了发展战略，虽然保留了原有的国际贸易业务，但重点瞄向了利基型食品市场，实现了业务转型，并顺利发展至今。如今，在保健食品领域有所专长的 VanEeghen 家族又发现了一个新的机遇：全球老龄化，所以，促进健康的食品将受到欢迎。

虽然 VanEeghen 家族 400 年来不断寻找着新的项目，但家族的核心价值观一直没有动摇："要具有企业家精神，但必须低风险"，这一观念是该家族传承至今的关键之一。集团前 CEO 威廉(WillemVanEeghen)表示，"做出新尝试意味着风险，而我们一直按着传统的方式来处理新项目：将其下放到一个已经存在的业务部门培育，待之逐步独立、成熟后再剥离出来。这一过程所需时间通常在一年以内。"

现任总裁杰伦(JeroenVanEeghen)最近在反复思考公司的未来，公司的监督委员会(由 2 名家庭成员和 2 名外部人组成)负责协助制定战略。毋庸置疑，战略必须灵活，同时，要争取最大多数家族股东的支持。家族成员可以对公司的未来掌握更多话语权。杰伦说："每一个不同的时期或阶段，企业都会需要不同的所有权结构。"家族要能发现和把握权利制衡，将企业股份分到成员手中，不仅意味着获取他们对企业的承诺，也让他们公平地承担起企业的未来。

VanEeghen 家族认为，公司的治理结构要随着时间演变，核心业务亦是如此。考虑到全球化的影响，该公司正在反思自己应该站在价值链的何处。威廉对此表示，“家族企业的长寿与历史并不意味着某种保障，而是你必须与之抗争的东西，家族传承了 14 代，每一代皆是如此。”

跨越数个世纪的上述三个家族企业都有讲不完的故事。他们定义家族资产与价值，并且在此基础上不断完善发展战略的智慧令人倾慕；家族的资产经由一代代精心呵护、留存与壮大，小心翼翼地交到下一代手中；为了打破各种传承的藩篱，家族集结智慧，设计家族所有权、企业管理模式，不断变革发展……

这些古老家族的前辈们站在时间长河的彼端，不以一时之利欢喜，不以一己之私妄言，用预见的眼光审视过去、现在与未来，以精巧有效的治理结构突破种种企业延续的挑战，这种眼界与心胸、这些经验与措施，都值得其他家族企业借鉴。

2015 年 10 月 20 日中国企业家俱乐部代表团一行专程前往意大利，参访了具有 600 年历史的安东家族企业。

“我们家族的故事，也是这座城市历史的一部分。”在佛罗伦萨一栋始建于文艺复兴时期的老宅中，皮埃尔 · 安东尼（Marquis Piero Antinori）侯爵对来访的中国企业家俱乐部代表团成员们说。

皮埃尔执掌的安东尼世家是世界十大最古老家族之一，从 1385 年开启葡萄酒事业至今，安东尼家族的历史已经超过 600 年。历经漫长的时间考验之后，如今他们已经传承至第 26 代。

“过去很重要，家族的传统是我们价值的沉淀，但对我们的家族来说，未来更重要。”皮埃尔说。他的三个女儿阿碧拉（Albiera）、阿里格拉（Allegra）和阿丽莎（Alessia）目前都在家族企业中协助他工作。皮埃尔当天透露，他将以平等的方式分割家族财产，但有一点可以确定：这个古老家族将迎来历史上首位女性掌门的新局面。

安东尼家族的老宅始建于14世纪，从那时起，他们就一直在这栋大楼中处理与家族事业相关的一切事物。今天，这里也依然是他们的公司总部。在漫长的6个世纪中，他们的家族历经战乱、瘟疫等的残酷考验，在第二次世界大战期间，整个公司甚至几乎被摧毁殆尽，但就是在一次次的重新开始中，他们传承至今。

“我们的家族事业能传到今天，确实不容易。除了勇气，还有幸运。”皮埃尔说，事实上，他们之所以能做到这点，首先源自其祖辈流传下来的家族宪章。这也被他称为“祖训”，在皮埃尔看来，这份祖训留下来的不仅是安东尼家族的财务遗产，更是精神遗产。

这份宪章设立了很多规章制度，其中的内容在几个世纪中都被严格的执行。“另外，还有我们对于未来的战略性眼光，当然，还有企业家精神，他们一代代地感染着我们的家族成员。”皮埃尔说。

与皮埃尔一样，他的大女儿阿碧拉也同样注重传承的重要性。在她眼中，对于一个家族企业来讲，无论外界如何变化，有些东西是要被不变地传承下去的，即他们的价值观，例如对土地的热爱。

“我们的家族事业是和土地息息相关的。”阿碧拉说，葡萄并不是种下去就能收获的，往往需要经过几十年的时间，它们才能酿出美酒，“所以需要你有足够的耐心和激情”。

阿碧拉从小就在安东尼家族位于托斯卡纳的葡萄园中长大。“从土地到家庭，都是我们热爱的。”阿碧拉说，对于这个“价值观”，不仅她和两个妹妹，还有她们的孩子，都是非常清楚的。

目前，安东尼家族旗下的葡萄酒在全球销售额高达1.7亿元欧元。阿碧拉坦言，尽管这个数字要落后于一些法国品牌，但她们目标是集中资源做最有品质的事情。

为了让家族事业得到可持续的发展，2012年，安东尼家族成立了家族基金，并将全部产业注入其中。对于家族成员进入安东尼公司工作，他们做了明确规定，如必须在完成大学学业、拥有一定时长的海外工作经验后，才能有资格进入家族企业工作。

但家庭成员最终能否进入家族企业、能从事什么岗位的工作，还必须经过一个“评估委员会”的裁定。

“通过这种引入竞争的机制，孩子们需要通过努力才能争取得到他的职位。”阿碧拉说，她最高兴的事情是在孩子们还只有十几岁的时候，就从他们身上看到了一份对工作的激情。“孩子们也非常了解我们的规则，同时深刻理解我们家族的价值观。当我们不在了，需要将家族财富交给他们的时候，相信他们会有能力将安东尼家族的事业一代代传承下去。”

总之，每一家企业讲述的故事迥然不同，但关键的元素是如此相似：长期的规划、强烈的价值观、合理的制度安排、必要的灵活性与不断的创新，它们都扮演着重要的角色。

6

美国最“老”企业探秘

《法制周末》曾经刊文，美国制造铜钹的知名家族企业——知音公司，可以说是美国最长寿的企业了，至今已经传承了390年。

公司创始人艾维迪斯，是17世纪一位居住在君士坦丁堡（现土耳其首都伊斯坦布尔）的炼金师，偶然提炼出一种结合了红铜、锡与银的能够发出独特音质的合金，制造出了音色极为清脆悦耳的铜钹。人们为他取了“Zildjian”（知音）这个封号，意为“铜钹匠之子”。1623年，他在伊斯坦布尔创建了一家钹制造公司，后来移民美国马萨诸塞州，并传承至今。

虽经历了经济大萧条、两次世界大战，但知音的“帝国”却一路走强。今天，由家族第14代传人——姐妹花克蕾姬和黛比带领的这一家族企业控制了世界上约65%的铙钹市场。2013年，该企业实现了超过5000万美元的营业收入。

知音的长寿有何秘笈？自然引发人们的探求。

绝对忠诚和保密

首先是知音家族成员严守家族秘密的忠诚。

知音家族的“神秘合金”是艾维迪斯从土耳其带入美国，并代代相传。4 个世纪过去了，知音家族的内部成员是唯一有权知道这一祖传秘密的群体。

在诺威尔的知音工厂里，合金制造被安排在一个特别的房间进行，极少数的人能够入内。就连企业的研究部门主管也不知道合金的配方。

“我们一直延续的家族传统之一，就是从不让自己的配偶参与家族的事业。”克蕾姬在接受 BBC 采访时说。

她和黛比直到 35 岁才最终获得家族的信任，并一直为家族事业鞠躬尽瘁，而她们也表示还将保守家族秘密，过些年后才告诉她们的女儿。

而除了颇具传奇色彩的家族故事，知音家族的继承者们也承认，家族内部严格的选拔，才是保证血脉传承的关键。

克蕾姬说，每一位想要在知音公司工作的家族成员，必须拥有大学文凭，专业最好是商科。他们在高中或大学时期，必须拥有在其他企业实习的经历。“毕业后，别对直接进入家族企业抱有任何奢望。”

进入知音公司后，严格的家族规则确保每一位家族成员绝不向另一方汇报工作，以保证家族成员都能平等地参与到家族事业的建设中。

厚待员工 390 年不曾裁员

穿过位于美国马萨诸塞州诺威尔的知音工厂的走廊，就像在亲眼目睹音乐的历史：走廊两侧挂着林戈·斯塔尔和罗伊·海恩斯等著名鼓手的照片，以及保存完好的爵士鼓手巴迪·里奇的整套鼓乐器。如今，形形色色的鼓手都可以进入知音工厂，测试其新推出的产品。工厂里还设置了一个特别的房间，为鼓手们提供一个可以重现声学的音乐场地。

善变是音乐人的共性，因此音乐产业必须随之不断变化。知音的领导者从公司成立之初，就一直与职业鼓手密切配合，以了解他们的需要，听取他们的经验。透过这种紧密的合作关系，并从鼓手的实际演奏经验中寻求设计与制造理念，进而研发出原创而音色出类拔萃的铜钹，对品质和制造技术的坚持，多年来夯实了知音全球铜钹制造商的领导地位。

知音公司成立至今已 390 年，为坚持品质，产品都在自己工厂生产，即使遭遇经济不景气，也从不裁员，更不曾外包业务给其他的下游厂商。该公司在麻州仍是获利丰硕的企业，也堪称企业界永续经营的奇迹。

知音公司主管洛弗尔(Mark Lovell)说：“我在这里工作已 26 年又 6 个月，从未见过一位员工被裁员。”洛弗尔对旗下 70 名生产线上工人，未来仍领有高薪深具信心，因为他们都不是和机器竞争。每次工作被自动化机器取代，原先执行这项工作的员工，都会接受新工作内容的培训，且薪水不变。

每位生产线上的员工，都必须亲自认可他们做的项目。公司执行长、黛比的姐姐克蕾姬表示，这也是从未将生产外包至海外的重要原因。“将产品的品质管理，外包至地球另一端的想法，是不可想像的。”

15 年来，黛比提供员工激励奖金，不光是工作更有效率，也要求首次即能将工作做到位。她说：“这 15 年中，只有两个多月没有准时支付员工薪水。”

克蕾姬说：“最后又回到信任的问题，不是吗？你照顾我们，将来我们也会照顾你。”而这个长远的承诺自企业创始的年代，一直延续至今。

家庭名誉重于利润

在全球化不断深入、经济不断变革的今天，家族企业也面临着特殊的挑战。美国家族企业往往由于不重视投资者和季度利润而受到指责。知音家族的接班人也表示，在一定程度上确实如此。

“不管是不是家族企业，这是私有企业的一个优势。”克蕾姬说，“你可以更多的考虑长远因素，而不必充分发挥市场的作用。”对于像知音这样老牌的家族企业来说，家族名誉以及身份是最重要的，而不仅仅是商界所谓的“利润为王”。

普华永道在一份对 100 位美国家族企业领导者采访的报告中，受访者们传递出一个共识：尽管存在许多现实的挑战，美国家族企业总体上保持乐观，且不管财政状况如何，家族企业都不太倾向于裁员。

家族传承问题仍是美国家族企业乃至世界范围内的家族企业最大的麻烦之一，这往往牵涉内部的争斗。在这个问题上，美国家族企业倾向于培养其继承人的创新能力，希望通过加强家族后代的竞争力延续家族的事业。但也有近50%的受访者坦言，他们并未从潜在的继任者身上看到继承家业的强烈愿望，以及带领企业迎接未来新挑战的决心。

7

世界500强中年长者——杜邦

美国杜邦家族有240多年的悠久历史，也许是世界500强企业中最长寿的公司。

历史上的杜邦家族是法国富埒王室的贵族，1789年在法国大革命期间，为了躲避战祸，老杜邦带着两个儿子维克托和伊雷内逃到美国。

伊雷内是个化学天才，他从小痴迷化学实验，14岁时就写了一篇关于火药制法的文章，并得到父亲的支持进入法国中央火药局，得以追随知名化学家À·瓦锡学习高级爆炸品制作技术。

28岁的伊雷内随父来美后发现美国的火药质量奇差，简直与法国货无法比拟，敏锐的伊雷内决定开办火药厂。1801年，得到父亲同意后，伊雷内和哥哥维克托返回法国，购置了最新的生产设备并吸引了一些投资。1802年杜邦家族在美国特拉华州威明顿市的白兰地酒河畔创建了杜邦公司，公司总投资 36000 美元，发起股计 18 股，杜邦家族占其中 12 股，占有绝对的支配权。

从此与美国历史几乎同步的杜邦公司，开始了二百年的光荣之旅！

第一个 100 年（1802—1902）

伊雷内于 1834 年去世，他酷爱化学和数学的长子艾尔弗雷德继承家业。当时，家族的所有成员都住在位于工厂旁边统一的房子里，在杜邦公司工作的所有家族成员都不支取薪水，家族财产属于公司，日常所需皆由公司供给。以后，随着公司领导权转给艾尔弗雷德的兄弟亨利，公司变成军事化管理，——因为亨利毕业于西点军校，人们都称亨利为“将军”。

亨利不懂炸药技术，技术上完全信任热爱化学的侄子拉摩特，但他很有管理和经营能力。在长达 39 年的任期内，他通过行业协会和兼并同行企业的做法，令杜邦帝国迅速发展。

1872 年，美国经济出现严重的衰退，各行业都面临危机。亨利用独门手段劝说所有大公司都加入了“美国火药同业公会”。“公会”的总股本 44 票，杜邦和另外两家最大的公司各占 10 票，其余的分给三家小公司。这是继洛克菲勒帝国之后的美国的第二家托拉斯。公会成员按照统一价格销售，并各自有固定的销售领域。后来，杜邦秘密获得三巨头之一哈泽德公司以及西海岸的加利福尼亚火药公司的股票。这样一来，行业公会基本上就是亨利说了算。

到 1889 年，亨利将军去世，杜邦公司的大权交给了尤金・杜邦。

继承人尤金很难与亨利相比，由于经验不足，管理无能，导致了企业的衰弱。

第二个100年(1903—2003)

1902年，杜邦百年大庆。也在这年，尤金突然离世。几个年迈的董事措手不及，无人愿意担当杜邦的新领袖。他们觉得最好的办法就是把杜邦公司卖给竞争对手拉夫林·兰德公司，当时的估价是1200万美元。

董事中唯一的年轻人，创始人伊雷内的曾孙艾尔弗雷德·伊雷内·杜邦对老人们的决定大为不满，他觉得祖宗基业怎能旁落他人之手，何况是卖给一直以来的手下败将。艾尔弗雷德提议，与两个堂兄弟托马斯·克莱蒙·杜邦和皮埃尔·塞缪尔·杜邦携手接班，这就是日后人们津津乐道的杜邦中兴三巨头。

当时，只有艾尔弗雷德在杜邦公司工作，另外两个都在其他企业，并且在矿业和铁路积累了丰富的管理经验。他们意识到单人决策的局限，决定实行集团式经营管理。新的管理架构决策权依然掌控在家族手中，但是在执行层面上，他们不再亲力亲为，交由执委会执行。

在集团经营的管理体制下，由于实行了统一指挥、垂直领导和专业分工的原则，公司各岗位的职责十分清楚，效率显著提高，大大促进了杜邦公司的发展。而后来，杜邦公司又发现集团式经营权力过于集中，没有弹性，不能适应市场的变化，于是又进行了改革，实行多分部体制。把权力下放，使得公司能很好地适应市场变化。这两次改革都是在集权和分权之间调整。

尤金时代，杜邦公司作为行业联合体的领袖企业，虽然可以通过股份控制其他企业的资产，但是却无法对这些企业实施管理。比如，财务专家皮埃尔等人在仔细盘点杜邦的资产后发现，公司的资产居然两倍于董事们的估计。这说明，企业自身的有效信息传达是不畅通的，资源状况不被管理者掌握，更谈不上资源的有效利用、单位成本的降低以及劳动生产率的提高。于是，皮埃尔三兄弟借杜邦重组的机会，把这个松散的行业联盟变为一个一体化的集权管理的企业。

在对公司所有资产盘点完之后，他们决定成立一家新的公司：E. I. 杜邦·德尼莫火药公司。科尔曼利用个人魅力，说服其他企业的股东将股份卖给杜邦，或者置换新公司的股份。在法律和财务层面上的设计完成之后，皮埃尔集中全部精力进行公司的组织结构设计。在财务、法律、组织三方面都有保证的情况下，三巨头和 J. A· 哈斯克尔、H. 巴克斯戴尔一起努力，在 6 个月内整合了美国炸药工业 2/3 的资源，包括以 400 万美元的代价收购唯一竞争对手拉夫林·兰德公司。据《美国企业史》作者塞利格曼的统计，自 1902 年起，到 1905 年杜邦共兼并企业 64 家，实际控制 69 家。

艾尔弗雷德喜欢技术，科尔曼具领袖风范，皮埃尔精通财务和公司组织结构设计。三兄弟接管后，他们在建立中央集权的管理组织结构过程中，明确了管理者的两种职责，即企业家活动和运营活动。前者宏观，在乎企业未来发展和运营评估；后者微观，关注日常运营。为此，制造部门和销售部门就有了副总裁和经理两个职位的设置，其他五个职能部门，基本材料部、发展部、房地产部、法律部和财务会计部都直接向总裁报告。

中央集权组织结构的建立，显示了皮埃尔在企业家和管理者两方面的卓越才能。1909 年他接替了科尔曼的总裁职务。为了更大程度地控制杜邦公司,在皮埃尔的精心设计下,科尔曼将股份卖给了他。这个举动遭到艾尔弗雷德的强烈反对,三巨头终于曲终人散。

兄弟阋墙,为人不齿。然而,正是因为皮埃尔的举动,杜邦公司慢慢完成了从家族企业向职业经理人管理的企业转变。皮埃尔认为,当杜邦家族的某个成员被认为还是有效的管理者的时候,他才能继续担当这个高层的职位。

1914 年董事会支持皮埃尔的重组计划,在公司执行委员会和其他高层职位的杜邦老人全部退出,取而代之的是一群精通专业、经验丰富、且效忠于皮埃尔的年轻人。其中包括皮埃尔的亲弟弟伊雷内·杜邦,他担任统管制造和销售的总经理,比前任总经理艾尔弗雷德的职权更大。1919 年,由于皮埃尔必须抽身关注杜邦家族所控制的另外一个大公司通用汽车,便把总裁职位也交给了伊雷内。

由皮埃尔主导建立的中央集权职能部门的组织结构,经过了第一次世界大战的考验。由于来自欧洲战场的订单剧增,杜邦公司的规模几何级数膨胀。战前的 1914 年 10 月,杜邦的三个主要无烟火药工厂的年生产能力为 840 万磅,到了 1917 年 4 月,产量已经达到 4.55 亿磅,增长 54 倍。1914 到 1918 年,杜邦的员工总数由 5300 人增加到 85000 人。

时至今日,作为一家上市公司,杜邦公司董事会中的家族成员的比例虽然越来越小,但是杜邦家族仍然控制着公司的主要决策。

杜邦家族非常重视对家族成员的培养,家族所有男性成员都必须从基层工作开始,奋斗五六年后,由几位长辈对其表现做出评估。如果评估的结论不好,他就会被请出公司;如果评价很高,那么就会得到进一步的提升和锻炼。家族的第五代掌门人科普兰就是这样培养出来的。

市场是不断地变化的，企业想生存下去，就只能不断地完善自己以适应它。60年代初，当杜邦公司的许多专利都期满时，一下子出现了很多劲敌。公司面临着重重危机。杜邦家族拥有的10亿多美元的通用股票被迫出售，杜邦家族多年的优良资产被剥离，而家族控制的美国橡胶公司也被洛克菲勒家族抢走。

1962年，科普兰临危受命，出任第11任总经理（兼董事长），担当起“危机时代的起跑者”。

公司经营上出现问题，说明旧的经营模式已经不适应公司的发展。为了应对这场困境，科普兰提出新的经营方针。1967年底，科普兰把总经理一职史无前例地让给了非杜邦家族的马可，财务委员会议议长也由别人担任，自己专任董事长一职，从而形成了“三头马车式”的体制，体现了“三层金字塔”的组织形式。科普兰认为，这种组织层次，是未来世界性大公司必须采取的安全组织层次。这种“有效的富有伸缩性的管理工具”的建立，标志着杜邦公司实现了第三次转变：由家族企业向现代巨型公司转变。

科普兰无疑是杜邦家族历史上最重要的人物之一。在科普兰之前，杜邦家族只是个传统的家族，杜邦家族以外的人不能担任最高管理职务，家族内部甚至采用落后的同族通婚方式以防止家族财产外溢。如今，故步自封的家族习俗被科普兰·杜邦彻底抛弃，他发起了一场跨时代的变革。有人指出，一个杰出的管理者必定是一个高明的授权人，充分授权是管理企业的最佳手段。正是因为科普兰懂得如何做好一个领导者，有如此宽广的领导者胸怀，才使得杜邦企业能越走越远。

科普兰的变革取得了令人满意的效果，杜邦公司很快恢复了活力，除了化学事业之外，又向建筑、汽车、钢铁等行业发展。进入20世纪80年代，杜邦公司以“创造科学奇迹”为理念，加速企业发展。如今，杜邦公司成为一家全球性的工业界领导，带着“责任关怀”的核心价值观进入了公司持续发展的第三个百年，继续为人们的“衣食住行”创造科学奇迹。

由上可见，杜邦家族百年发展，有一条清晰的变革路径：单人决策——集团式经营——多分部体制——“三马车式体制”。

8

血脉相继，美国家族企业永续之根

毫无疑问，家族企业在全球商界中占据着重要位置，且显示出较强的生命力。有统计说，仅仅在美国，家族企业便贡献了全部 GDP 的 57%。10 年前美国《商业周刊》的一次调查显示，在标准普尔 500 指数的成分股公司当中，有 177 家属于家族企业——创始人或其家庭成员在企业管理中扮演重要角色的企业。

美洲大学教授安德森和坦波大学教授里布在共同发表的文章中也作了类似的阐述。根据长期的调查研究，两位教授得出的结论是：美国家族企业要比非家族企业的生命力旺盛得多。无论经营与管理，美国家族企业都比那些谈不上血脉相继的竞争对手更胜一筹。按 10 年平均值计算，美国家族企业的股票投资回报率为 15.6%，而非家族企业的股票投资回报率则只有 11.2%。在资产回报率、年度收入增幅两项重要指标当中，家族企业分别达到了5.4%和 23.4%，非家族企业则为4.1%和10.8%。

那么,美国家族企业又何以长盛不衰?

《经济参考报》曾刊文写道:

天赋使命

对很多家族企业的掌门人而言,接替父辈留下的基业并将之发扬光大,是一种与生俱来的使命。在美国,大多数家族企业的现任掌门人从十几岁起就到家族开办的企业中打零工,从长辈那里了解企业的历史与文化,获得一般人难以企及的经验与阅历。在父亲或是祖父开办的企业中工作,每日耳濡目染创业之艰、守业之难,为整个家族积蓄财富的责任感以及超越前人的雄心壮志油然而生。因此,很多家族企业的接班人在成年之前已经具备了担任企业高层管理人员的最基本素质。

位于辛辛那提州的辛塔斯公司是一家专门生产制服的家族企业,从环保工人到赌场服务生,身上的工作制服大多出于这家公司。公司董事会主席理查德·法默尔45年前从他父亲那里接管了这家工厂,成为家族企业的第三代领导人。在任职期间,理查德·法默尔和父亲一道将辛塔斯由一家印染厂转型为制衣厂。在过去10年中,这家公司的净收入一路攀升,企业年收入在翻了6番后达到23亿美元。2003年年7月,理查德·法默尔任命斯科特·法默尔为家族企业的CEO,将世代相传的工厂交到了儿子的手上。同自己的前辈一样,斯科特·法默尔悉心照料着自己家族赖以生存的工厂,包括选择制服面料等任何细节问题都亲力亲为,从不指派他人代劳。投资经纪人戴尔·安德森对这家工厂相当熟悉，他认为支撑法默尔家族世代经营辛塔斯制衣厂的原动力就是天生的使命感。“或许在很多人眼中，那是一份相当平凡的工作”，安德森说，“但在辛塔斯制衣厂中，只有屏住呼吸才能感受到法默尔家族全心呵护工厂的细微之处。”

科姆卡斯特公司在美国电视接收设备市场排名第一，同样是一家颇为成功的家族企业。现任CEO布莱恩·罗伯特是公司创始人拉尔夫·罗伯特五个孩子中的一个，也是唯一一个继承父亲衣钵的孩子。从学生时代开始，布莱恩就在父亲的公司中打工，他不仅要学着安装电视接收设备，而且还要挨门挨户推销父亲代理的电视节目，当然，布莱恩还要学习如何在办公桌后发号施令。1990年，当布莱恩·罗伯特成为公司总裁之后，科姆卡斯特公司迅速发展，成为了美国电视接收设备市场的巨头。在谈到自己和父亲的关系时，布莱恩说：“他是我最亲密的朋友和导师。”

果敢决断

对于很多家族企业来说，雷厉风行的作风贯穿于整个经营活动当中，使家族企业可以捕捉到更多的商业机会。特别是在企业决策方面，家族企业更是具有一般企业无可比拟的优势。哈佛商学院的约翰·戴维斯正在做一项有关家族企业的研究课题。他认为，由血缘关系结成的家族企业管理层在经营决策上比一般企业更为迅速，因为所有管理者都全身心地投入到企业当中。一个成功的案例来自于梅斯家族管理的克莱尔通讯公司。1989年，马克·梅斯开始协助父亲打理这家总部位于圣安东尼奥的大型广播电台，当时克莱尔公司旗下有16

家电台。在之后的10多年中，克莱尔公司像上了发条一样，不停地并购其他电台并使年收入增长幅度达到67%以上，逐渐发展成为拥有1200多家电台、36家电视台的庞然大物。在谈到家族企业崛起的时候，马克·梅斯强调了在商业领域同样需要速战速决："一旦获得了采取行动的能力，我们会立即行动，快得像闪电一样。"梅斯家族的行动能力有多快？1999年，梅斯家族在电台领域的扩张步伐进一步加快。从劝说几位拥有数百家电台的传媒巨头出售股份到双方签订价值达235亿美元的合同，梅斯家族只用了不到5天的时间。马克·梅斯承认，克莱尔通讯公司在传媒通讯领域的闪电式扩张已经引发了多方批评。好在这些闲言碎语至少还没有打扰他们家族的晚餐，这归功于马克·梅斯的母亲，她老人家禁止在饭桌上谈论任何工作事宜。

哺育忠诚

慷慨是一种令人尊敬的品格，但换不来同舟共济的决心，也得不到彻头彻尾的忠诚。同样，美国家族企业用以哺育忠诚的也绝非花花绿绿的票子和风光体面的位子。一般来说，在美国，家族企业会要求员工付出更多的热情与精力，而家族企业对员工的回馈也远远超过很多人的想象。向员工提供包括日常津贴、子女助学金、无风险的养老计划在内的多种丰厚福利，避免在经济衰退周期中大量裁员，这些经济上的付出使美国家族企业在人才竞争中获得了优势。美国西北大学凯洛格管理学院的约翰·沃德指出，很多家族企业将员工视为长期资源的一部分，因此他们更重视员工的生存状态和心理感受。

维拉德·马里奥特在1927年开设了第一家A&W啤酒店，如今他的家族事业已经发展成为全球性的连锁酒店。维拉德·马里奥特当初制定了一套简单的用人哲学，归纳起来就是：发现、雇佣、培育、善待如同家人。老马里奥特的这套理论一直沿用至今，其子接管家族企业之后更是将这一用人哲学发挥到极致。在过去3年中，美国经济一直处于温和衰退，酒店业普遍不甚景气，特别是“9·11”恐怖袭击事件，更使美国的宾馆饭店陷入绝望当中。在这种情形下，时任CEO的小马里奥特仍将集团北美分部雇员的辞退率控制在1%。虽然减少了员工的工作时间，但小马里奥特还是保留了医疗健康福利，即使每周只工作18个小时的员工也可享受。专门研究马里奥特国际集团的经济学家指出，在酒店业整体下滑的环境下，马里奥特家族经营的酒店却提供了更好的服务并创造出了更高的利润。目前，马里奥特集团的年收入达到了84亿美元，收入增长率平均达到了12.6%。尊重员工并哺育忠诚，是很多美国家族企业世代相传的信条。

查理·瓦尔格林创办的公司是美国最早向员工提供利润分成的家族企业之一，之后相传三代，使瓦尔格林的家族企业成为最乐善好施美国企业中的一员。在该家族为员工设计的养老保险计划中，员工每交纳1美元作为养老基金，瓦尔格林家族就要相应拿出3个多美元来补足差额。42岁的副总裁凯文·瓦尔格林是创始人查理·瓦尔格林的曾孙。每当招募到前程远大的年轻人，凯文总会引用曾祖父过去常常对老伴说过的一句话：“今天，又雇了个比我棒的伙计。”

反复投资

对家族企业来说，要想巩固并增加家族财富，就必须使自己的企业长盛不衰，因此，反复追加投资就成为美国家族企业积累财富的重要手段。统计数据表明，2002年，在标准普尔500成分股公司当中，只有61%的家族企业选择了派发红利，而非家族企业的这一比率达到了77%。相反，在企业研发投入上，家族企业2002年一共花掉了6.18亿美元，比非家族企业多出约8000万美元。很多家族企业，包括杜邦、盖普等知名公司在内，无论是在版图扩张还是在研究开发方面，都不惜花费重金来推动企业发展的车轮。

最典型的例子莫过于掌握全球零售业巨无霸沃尔玛集团的沃顿家族。1950年，山姆·沃顿在美国阿肯色州开创了自己的事业，12年后第一家沃尔玛折扣店诞生于该州的罗格斯市。经过几十年的经营，沃尔玛在全球的零售商店已超过4700家，年销售额翻了20番，达2445亿美元，在《商业周刊》全球500强企业排名中占据头把交椅。不断对沃尔玛进行追加投资是沃顿家族成功的关键，2002年向沃尔玛追加投资94亿美元，2003年则达到了115亿美元。目前，沃顿家族拥有沃尔玛全部股份的38%并在董事会中占据两个席位。沃顿家族在沃尔玛董事会中扮演着“耐心资本”的角色，并不强求企业派发多少红利，他们所做的只是保证家族企业永远发展下去。老山姆的儿子罗伯特·沃顿现任沃尔玛集团主席，他总是在重要场合表达这样的观点：“我们依旧是一家成长型企业。”另一名董事会成员约翰·沃顿则表示，沃尔玛对于其家族而言，与其说是财富，还不如说是一种信任或是每名家族成员都将对其负责的遗产。

绝对控制

将自己的公司牢牢抓在手中，绝大多数美国家族企业的继承人们在董事会和管理层中都行使着无上的权力。绝对控制是美国家族企业这一热门词汇的最好注脚。很多家族企业都将家庭成员纳入董事会或管理部门，并邀请和家族保持多年友谊的朋友入股。在布朗家族控制的制酒企业当中，布朗一家共占有74%的股份并有5人是董事会成员。在福特汽车公司中，创始人亨利·福特的后代们牢牢地把持着这辆老爷车的方向盘，包括CEO克莱·福特在内的5名家族成员进了统共只有14个席位的“领导班子”。

一些管理学的专家指出，从现代管理学的角度出发，公司应有相互独立的董事会、监事会和经营组织体系，很多美国家族企业却将三者揉在一起。在很多人批评这种状况可能危害小股东利益、容易滋生内部腐败的同时，另一些经济界人士却认为，家族对企业的绝对控制非但无害而且有益于企业的长远发展。专门为企业作管理咨询的律师米尔斯泰因认为，在那些家族成员占有董事会和管理层席位的公司中，即使出现严重分歧，家族企业最终也能迅速达成共识，因为家族企业拥有一般企业没有的东西：维护家族和睦与财富的共同愿望。

阿尔伯特·古尔文是一家生产日常消费品的美国公司，同时也是非常典型的家族企业。83岁的里奥纳德·拉文已经当了几乎半个世纪的董事会主席，他的妻子和女儿都是董事会成员，而女婿博尼克则是公司的首席执行官。拉文家族掌握着这家公司价值近7个亿的股份，是名副其实的“绝大多数”。虽然缺乏外部人的参与，但拉文家族依靠自己将企业办得有声有色，年收入达到了27亿美元。考虑到企业管理层中"内部人"过多,博尼克在过去15个月中招募了两名独立经理人,但在经营管理中,博尼克已经习惯了同自己的家人共事。"在经营中,我老是忽略企业和家族之间的区别。我经常有这样的想法,投入或赚来的每一分钱都不是公司的,它们属于我的家族。"那些拿着大把股票期权、领着八位数年薪的"外人"是决不会发出这样的感慨的。

9

李锦记：一家中式百年老店样本

李锦记创建于 1888 年，它凭借严格的品质管理和强大的市场拓展能力，在 70 年代起迅速建立起一个蜚声海内外的酱料王国，畅销产品达 60 余种，分销网络遍布世界五大洲 100 多个国家和地区，真正实现了“有华人的地方就有李锦记产品”。斐然的成绩，使李锦记殊荣备至，先后荣获香港出口市场推广大奖、海外拓展成就奖、亚洲第四大品牌称号及亚洲食品第一品牌等奖项，并当选为香港 20 大杰出商业机构，公司李文达主席也被评为香港 100 位最具影响力的人物之一。进入 21 世纪，李锦记被评为千禧年香港十大企业。

李锦记的成功与长寿之道，有文总结出六点：

一．思利及人

李锦记认为，“做事惟思利及人”与家族企业的处事经商之道很契合，便将“思利及人”作为为人处事的基本原则，以此来教育后代。

人人都想获得自己的利益，“思利”是人们做事的动因，而“利”从“人”中来，只有“利”及“人”才能办成事，才能获得真正的长远的“利”。“思利及人”，就是做什么事情都要思利及人，思考对方有没有获得好处。只要做人做事用良心，就可以帮到人帮到己。“人”不仅包括李家传人，也包括员工、消费者、上下游的商业合作伙伴、甚至竞争对手等等，是一个“我们”的概念，“思利及人”简单讲，就是做事如何有利于我们大家。

而今，“思利及人”不光影响到李家后代，而且在李锦记深入人心，形成一种对人的关照与尊重的文化，成为推动企业前进的强大动力。

二．永远创业

很多家族企业逃脱不了“富不过三代”的魔咒，就是因为他们走的是“创业一守业一败业”的路子，第一代创业，第二代就开始守了，到第三代就败业了，所以李锦记人不守业，而要永远创业，要有不断进步的意识，永不封顶。

李锦记调味品方面，过去有第一代李锦裳发明了蚝油，之后做到200多个产品，像蒸鱼豉油，市场反应很好，这以前是没有的，到现在开始做健康产品。所以创新是一个动态的过程，在不同时段，不断想一些新的东西出来。什么是永远创业精神呢？就是要不断尝试新的东西，有60%、70%把握的时候就去做，到你有90%把握的时候，就晚了。

李锦记还鼓励整个行业去创新，认为这对自己是好的，竞争对手的创新能启发自己不断思考，帮助他们进步。不能因为现在已经很成功了，就停止创新。

三．有主人的企业

在李锦记，只有血缘关系才可以成为股东。李锦记觉得，一个企业有主人和没有主人，是不一样的。很多西方企业，从家族企业演变为公众公司时，路就走偏了。例如，它有很多股东，很多CEO，想法会不一样，他们做事的时候就容易看短期，所以，有主人的企业，看事情会更长远些。再比如，公司上市以后，做很多事情出发点就变了，会面临更复杂的问题，每天要关注自己的股价，月底向银行交代，如果公司赢利了，有很多现金而不去投资的话，会遭到外面股东的批评："我投资给你，你为什么不利用这些钱去做一些事情？"有一些公司不愿意去收购，也迫于外界压力必须去收购，收购容易，但具体怎么去经营就变成了一个大问题。

四．自动波领导模式

"自动波"之名来自广东话，形容自动挡的汽车在行驶时，不需要用手换挡，就能根据不同的速度自动调节，顺畅行驶，而司机可以专注于方向与路况。自动波的领导模式，正是李锦记“思利及人”价值观在企业管理上的体现。

领导人不用为公司的日常事务操心，也很少去公司，有时可能连续几个月都不在公司出现，即使去公司，也只待两三天，而把很多时间都用在思考策略、做自己想做的事情上面。但李锦记并不会因领导人的悠闲而脱离正常的轨道。

《道德经》谈到四种类型的领袖：“太上，不知有之；其次，亲而誉之；其次，畏之；其次，侮之。”最低级是所有人都轻视他，第三级是怕他，第二级是自然领袖，他已经很有魅力了，第一级是无形领袖。全球像哈佛商学院这样顶级领导力培训学校，他们现在教的还是第二级的东西，很注重领导者个人方面的，培养的是 CEO，而不是第一级的 chairman（主席），“我”大于“我们”更多一点。所以乔布斯一不在了，苹果股价就大跌，所以他也只介于二三级领袖之间。中国大陆的很多企业家也都是第二级领袖。

自动波的领导模式体现在对待下一代上，就是鼓励第五代从 9 岁到 29 岁共 14 位家庭成员根据自己的兴趣去选择所学专业和所从事的职业。现在李锦记集团旗下除了酱料产业、健康产业外，还有家族办公室、家族基金、家族投资公司、家族学习发展公司几块业务，第五代家庭成员可以自主选择其中任何一块业务加入。但如果有人对所有家族业务都不感兴趣，他可以保留自己的股份，然后去外面的公司工作。

自动波应用在对待员工上，就是充分放权给员工，发挥员工的潜能。管理学中有一个著名的洛桑实验，其结果表明：决定一个人工作积极性和工作效率的最重要因素，不是薪水、职位等物理条件，而是被他人认可与尊重等心理因素，是一种成就感和满足感。李锦记很注重建立领导者与员工的关系，让领导者从监督者变成倾听者和支持者。换句话说，就是很注重让员工“爽”，李锦记会经常让员工说出自己的爽指数，以此了解员工工作中的愉悦程度。因为照顾好员工，员工就会照顾好顾客，李锦记就会有很好的回报。

五．家族委员会

李锦记传至第二代和第三代时都曾经遭遇过分家，导致企业发展几乎停滞。这使得李锦记深深知道“家和万事兴”的重要性，认为公司只是家族的一部分，更关注应该是家族怎么延续，因为家族利益至上。没有家族内部的和谐，家族企业的长久发展就无从谈起。

李锦记曾专门组织家族成员参加瑞士洛桑国际管理学院的家族管理课程，一起阅读如何让家族企业延续的书《一代传一代》，通过阅读分享，使大家意识到，合作比单干重要，使“和”的观念深入人心。

而且，家族成员的角色非常重要。家族成员可能扮演的角色包括家族成员、股东、董事会成员和管理层。很多家族企业的一个很大的问题，就是角色分不开，每天晚上回家开董事会。本来应该是家庭成员吃饭的时间，却用于谈业务，谈工作，影响了家庭和睦。而在工作时间，父母家人又参与到工作中去，影响正常的、应该通过公司制度做出的决策。

现在，李锦记已经有一套成熟的制度来保障传承，包括：家族委员会、家族宏图和家族宪法。

家族委员会成立于 2003 年，目前已成为家族核心成员的沟通平台，同时也是家族最高决策和权力机构。家族委员会由最能代表家族利益的核心成员组成——包括李锦记第三代传人李文达夫妇和其五名子女，未来则在关心家族事务和家族整体利益的第五代中选择新成员。每个季度要开为期 4 天的会，一年就是 16 天。每次会议由不同的人主持，主要关注如何将家族共有的价值取向、行为准则正式化，以及家族核心成员的培育等家族事务的核心问题，企业的事情则一概不谈，而放在董事局谈。公司董事会则主要讨论与企业运营相关的重要战略决策，二者各司其职。董事会中的家族董事由家族委员会选择任命，以保证董事会能够在考虑家族整体利益的情况下独立做出决策。

无论家族委员会的核心成员在世界任何地方，都必须赶回来参加，如果迟到就会受到惩罚。头三天是五个兄弟姐妹模拟爸爸妈妈不在的时候怎么做决定，最后一天早上，李文达夫妇才来，投票表决，五名子女要跟李文达夫妇讲开了什么会，结果是什么。所有与会成员的配偶在最后一天下午会被邀请参加会议，向他们通报前几天会议通过的内容，以便配偶当好“贤内助”。

通过家族委员会，李锦记确定了家族的共同目标，即家族宏图：“李锦记家族永续经营，代表中华民族创造历史，成为家族企业的典范。”同时，也制定了家族宪法。所有决议，都会不断协商和讨论，并只有当 7 位家族成员中的 75％通过时（也就是有 6 个人通过），才可以进入家族宪法，非常严格，像政协一样。例如，“不准晚婚，不准离婚，不准婚外恋”，这“三不准”原则没有 75％的家族成员通过，就没有“入宪”，所以“三不准”只会限制第三代和第四代人，对第五代就没有约束力。

李锦记相对成型的家族宪法还包括：下一代一定要在外面的公司

工作5年，才可以进入李锦记，而且进入后，应聘程序和入职后的考核必须和非家族成员相同，如果做得不好，一样会被开除；董事局可以有一些非家族的独立董事，但董事局主席一定要是家族成员，家族委员会每两年召开一次会议，选定董事会及各个业务主席，主席可以连任；CEO可以是非家族成员；股东一定要有血缘关系，不限男女；股东想退出，股份由公司统一购回；如果家族成员有婚外恋或者离婚了，其股权不会被收回，但必须退出董事局，在家族委员会和企业决策中也将不再享有发言权和决策权，这就很好保证了他不会影响公司的决策，家族结构也不会陷入混乱；除第三代李文达夫妇外，其他家族成员到了70岁，需一律退出家族委员会；在第五代中，如果14个成员中所有人都对家族企业的事情不感兴趣，或者所有人都有兴趣而没有能力，李锦记就将在全世界招募最好的人才，并最终派一个家族成员进入董事局，以影响董事局。

李锦记有一个“超级妈妈小组”。家族里的妈妈们每个月碰一次面，交流对孩子的教育经验，从小为孩子灌输家族的理念和价值观。

每年，李锦记都会组织全家族旅行，26个家庭成员都要参加，通过这个团聚的机会，分享家族的快乐、责任、知识。

六. 超越标准：100－1＝0

保持品牌百余年来长盛不衰，最重要的因素就是要有超越标准的高品质。李锦记一直坚持“100－1＝0”的严苛品质量管理理念，高度重视产品产生的全过程，从原材料的种植、采购直到产品流入消费者手中的各个环节，持之以恒，做到最好。李锦记在广东江门市的现代化酱油、酱料生产线，就采用了先进的企业资源优化管理系统，建立了ISO9001质量保障体系、HACCP体系(危害分析与关键控制点——食品安全保证体系)和TQM(全面质量管理)体系，为保证产品品质和企业的长久发展奠定了坚实的基础。

甚至，李锦记销往世界各地的产品只使用统一一个标准的生产线，超越了世界上以最严格著称的欧盟、日本、美国等国的标准。因此，李锦记获得了美国FDA检验组一次性全部验收合格，成为目前国内唯一一家通过美国FDA零缺陷监测进入到美国市场的企业。

10

企业传承之重：交接班

企业要长寿，需要一代一代的交接班。

交班得当，企业发展顺畅；交接不当，企业就可能前程断送，好景不再。此类案例可以说不胜枚举。

最近国内就有一例：

位于山西运城闻喜县的山西海鑫集团号称“万亩钢厂”，其曾是山西第二大钢铁企业，也是山西规模最大的民企。1987 年，海鑫集团创始人李海仓以集资的 40 万元资金，经过艰苦创业，几乎是以一年办一个新厂的速度不断扩张速度，形成了占地 3.6 平方公里的大型钢铁集团，逐步建立起一个多元化的“钢铁帝国”。

几年前，山西闻喜县委书记说，“我们县里三顿饭，有两顿饭是海鑫供的，而且是中午和下午。”

转折点起始于 2003 年 1 月 22 日，当时年仅 48 岁的海鑫集团掌舵人李海仓在自己的集团办公室遇刺身亡。28天后，经过家族会议提议、政府考核认可、说服外部法人股东，财产继承人与企业接班人最后合二为一，一个中国式的继承，李海仓之子——不满22岁的李兆会被迫从国外中断学业，回国接管了资产规模逾40亿元的海鑫集团。

“李兆会那么年轻就执掌海鑫集团，完全是他爷爷做的主。”一位当地企业界人士称。李家兄弟6人，李海仓排名老三，是李海仓的父亲李春元一锤定音，理由是“子承父业”，庞大的企业交到了李兆会手上。

然而多年之后，曾经兴盛一时的海鑫钢铁在李兆会手中从繁盛走向了破产。

2015年3月，有媒体曝光称海鑫钢铁超30亿元债务逾期未还，且亏损严重，拖欠工人工资数个月。多座高炉已经停产，现在钢铁已经不外卖，生产的只是偿还以前的欠货。闻喜县银监办相关负责人称，海鑫钢铁体量太大，除了媒体曝出的工商银行30亿元逾期贷款，海鑫钢铁还欠下民生银行、光大银行等近30家银行的贷款，具体债务尚不得而知。

究其原因：

一是太年轻，毫无经验，不懂管理；

二是不善公关，不会和政府打交道；

三是不会用人，自我膨胀，唯我独尊；

四是不务实业，玩弄资本、盲目扩张；

五是贪图享受，娶明星、用专机、搞派头。

最终，李兆会“败家”成为家族企业传承失败的一个典型案例。当地不少企业界人士感叹，如果当初海鑫集团传给李海仓的兄弟而不是涉世不深的儿子,企业命运也许会被改写。

俗话说:道德传家,十代以上;耕读传家,次之;诗书传家,又次之;富贵传家,不过三代。

那长寿企业又是如何交接班呢?

让我们再回头看看知名专家李光斗对日本企业做的研究,他在《日本企业经久不衰的秘籍》一文中写道:

严苛的继承制度

在日本石川县,有一家世界最古老的旅店——法师旅店。旅馆创业于718年,绝不开设分店。在千余年历史中,主人也始终以严格的家族世袭制代代相传——长子继承。离开家的子女甚至连旅馆里的一针一线都得不到。而旅馆的仆人也同样以世袭制代代相传,由少女承继家业。

日本著名化妆品企业资生堂,起初是一家药房。创始人福原有信留学海外攻读药剂,归国后成立了第一间西药房。他平时除了卖药,也自己研究制药。1897年,福原有信成功研制出了化妆水Eudermine,资生堂踏入化妆品行业。

福原有信有四个儿子,按照传统,应长子继承。可惜长子身患顽疾,次子又英年早逝。接班的重担便落到了三子福原信三的肩上。

福原信三少时对艺术非常感兴趣,并且在水彩画、油画以及摄影等方面很有天赋。但为了继承家业,福原信三不得不选择药理学。他听从父亲的话,远赴美国哥伦比亚大学留学深造。毕业后,又在美国药厂的化妆品房工作了两年。1915年,回国后的福原信三继承了资生堂药房,将化妆品部门从药房中独立出来,并把企业重心由药品转到了化妆品。资生堂经营情况开始发生改变。福原信三还成立了设计部门,负责产品包装和宣传。时至今日,资生堂的LOGO与当年依旧非常相似。1923年,资生堂开展连锁店体系,覆盖全日本。4年后,组成股份合营公司。从此,资生堂日益壮大,时至今日已发展成为世界著名的化妆品集团。

“收养”来的继承人

日本的三菱等企业在全球影响深远,他们长寿的秘诀是什么?英国《经济学人》给出的答案是“女婿养子”。

仅2011年,日本父母领养的人数超过81000名,居世界各国领养率之首,其中90%以上的被领养人为成年人,其中绝大多数为20岁到30岁的男性。

日本企业讲究男子继承制,与中国传统的“倒插门”一样。在日本,如果企业家没有儿子,那么他就会物色一名有能力的男子,将女儿嫁给他。一年以后,再举行仪式,让女婿改姓,将其收为养子,并将家族企业传承给他。

日本企业之所以能传承百年,除了绝对的男子继承制外,还实行“单子继承制”。在这一继承制度之下,家族事业只会传给后代中的一位成员,其他成员则要被“扫地出门”。这就形成了内部竞争机制,如果发现儿子难堪大任,他们就会通过找入赘女婿、收养养子等方法将其选定为接班人。

事实胜于雄辩，这些制度维系下的日本企业往往呈现出让人刮目相看的竞争力。

17世纪创业起到1945年日本战败解散为止，三井财阀维系了300多年盛而不衰，究其根源就在于养子继承制。仅从1900年到1945年的短短45年内，在三井财阀的29位负责人中就有6人是养子，比例高达21%！

日本首屈一指的零售业集团伊势丹，其第二代创始人小菅丹治就是伊势家倒插门的女婿。而小菅丹治的继任者高桥仪平，也同样是家族养子。

在Interbrand公布的2012品牌榜上，高居第10位的丰田汽车最早的接班人同样是上门女婿。1906年，丰田佐吉创办丰田，最初的丰田是一家织机公司。为了加强与合作伙伴的关系，丰田佐吉将女儿嫁给了对方的弟弟利三郎，并在之后将利三郎招为养子，改名丰田利三郎。由于养子比亲儿子丰田喜一郎大10岁，因此，丰田利三郎成了丰田的继承人。丰田佐吉退休后，其女婿丰田利三郎担任起丰田自动织机制作所第一任社长。而这也迫使丰田喜一郎孤注一掷，进军汽车产业。

丰田佐吉在去世前对丰田喜一郎交代："自动织机的研制是我毕生的事业。开头我一无所有，只有几个想法和一双手。你也应该有自己的毕生事业。我相信汽车制造事业值得一试。汽车在未来将是不可或缺的。为什么不能把汽车研制变成你毕生的事业呢？"

1918年，"经营之神"松下幸之助创办了松下电工株式会社。即将退休的时候，松下幸之助开始物色接班人。1961年，65岁的松下幸之助把会长权力传给了"女婿养子"松下正治。松下正治原名平田正治，毕业于日本东京帝国大学法学部,1940年与松下幸之助之女松下幸子结婚。

不仅仅在企业界,日本政界同样“流行”政坛女婿。日本前首相田中角荣的女婿田中直纪继承了岳父的衣钵,并一度成为日本防务大臣。田中直纪原名铃木直纪,1969年娶了田中角荣的长女田中真纪子,成了田中家的上门女婿。

外姓接班人

如今,也有很多日本知名企业,如丰田公司、三井公司、三菱公司等由外人执掌,企业精神的传承则由中层干部来完成。因此,很多员工都是老中少三代人都在同一家公司工作。

以索尼公司为例,它非常重视接班人的培养,包括中高层在内的领导人往往都来自内部培养。索尼公司从分布于世界各地的十几万名员工中挑选出约500名年龄在30岁到40多岁的年轻人进行培养,作为公司领导的新一代接班候选人。

索尼创造性地将传统的进修班模式转变为岗位竞争制。它会选择100个包括各大公司、集团子公司和海外子公司的最高职位和重要职位,每个职位选定4个到5个候选人,形成一支500人左右的公司领导层“第二梯队”。而这个名单只有包括会长、社长、副社长在内的名为“Executive Human Resourse Committee”的委员会掌握。

委员会每年集中两次,根据各个候选人的资历、业绩和行为特性进行候选职位的调整。进入“第二梯队”的候选人要到索尼大学(Sony University)参加培训。国内外一流企业的企业家、索尼公司的领导人都会走上讲台,向这些索尼“未来的主人们”传授经营之道以及索尼精神。

最近,安永会计师事务所全球家族企业卓越中心的全球家庭企业领导彼得·英格利希说,“在全球营收最高的500家家族企业中,有44%的企业由第四代及更靠后的接班人所有,而在所有企业中,这个比例仅为5%。”

麦肯锡的研究表明,全球范围内家族企业的平均寿命只有24年,其中只有约30%的家族企业可以传到第二代,能传至第三代的家族企业不足13%,只有5%的家族企业在传至三代以后还能继续为股东创造价值。

调查显示,中国目前民营企业500强的当家人平均年龄为46岁。按照中国人60岁退休的惯例,未来10到15年,中国的家族企业将迎来一个交接班的高峰。如何交接班,将是中国民企继续发展的第一热点,也是第一难点。而根据上海交大2013年研究,通过调查样本182家中国家族企业中最杰出的企业,同时在同行业排名前3位的优秀企业。其创始企业家平均年龄52岁,未来10年,都将进入或者已经完成“接班人”产生与权力交接过程。

战略、营销方向独立咨询顾问柏龑研究认为:美、欧、日家族企业接班人机制给我们有如下启示:

■ 企业大于家族

管理学大师德鲁克认为,家族企业的核心是“企业”,而不是“家族”。家族可以控制企业,但是企业不等于家族,企业的责任和愿景远远超过了一个家族的范畴。当企业为家族服务时,这个家族企业就不会长久；当家族为企业服务时，这个家族企业才可能长久。接班人问题的本质就在这里谁为谁服务。日本企业能相对顺利地实现代际继承的另一个重要原因，便是对接班人才的选择不拘一格。对家族企业的发展来说，这是一个前提。“不谋万世者，不足谋一时；不谋全局者，不足谋一域”。站在家族之外来看企业，能把企业的未来考虑得更清晰，这样也有助于企业家确定选择接班人的行为准则。

■ 企业治理规则明确

发达国家经过上百年的市场经济锤炼，已经形成了完善的公司治理结构，欧美很多家族企业都会选择上市，上市并不一定会导致家族企业的控制权旁落，上市的好处在于让企业的治理更规范、更科学、企业决策更透明，能比较好的减少企业经营过程中因经营团队带来的风险。就算是非上市公司，多数也建立了一个由律师、银行家、元老、家族成员组成的团队，这个团队不仅可以扶持接班人成长，更好、更快的掌握企业，同时也可以减少因接班人经验和能力不足而带来的风险。欧洲家族企业往往第一代是创始人，第二代传承者一般不直接接班，而是由一个年长的老臣或职业经理人短暂接力、辅佐，再交给第二代。但等家族企业发展到第三代、第四代，公司已经公众化，继承人便会逐渐退出企业管理，成为单纯的食利阶层。在这一传承模式的影响下，欧洲聘请职业经理人管理家族企业的比例远远高于美国及其他国家。

■ 接班人计划要趁早

国外的家族企业并不避讳接班人的问题，他们往往能更早的把企业接班人计划安排下去。日本的家族企业往往从其接班人少年时代起便着手培养。比如创业于 1865 年的日本铃广集团，对日本近代鱼食文化贡献极大。其现任社长铃木博晶回忆说，从幼儿时期便被父母每月两次带去品尝一流的寿司、刺身等美食，让其熟悉并分辨其中的微妙差异，如今他年幼的儿子也在重复同样的培养。不管是不是家族接班人，优秀的企业对于接班人都是非常重视的，这将是企业一个非常核心的战略目标和工作重点。事实证明，接班人计划准备得越早，成功率越高。

■ 接班人从底层做起

从底层做起有利于接班人深入的了解公司情况，积累公司内部人脉关系，建立接班人在企业内的权威。欧美家族企业的最初几代接班人，都身体力行从底层做起，例如 IBM 创始人老托马斯。沃森的儿子小沃森，生性风流，不爱学习，但二战之后，小沃森加入 IBM，从基层推销员做起。1956 年老沃森正式将权力移交给小沃森。与子握手的镜头出现在《纽约时报》上，这时 IBM 已是美国排名第 37 位的大公司。纵观全球做得好的家族企业，好的接班人绝大多数都是从基层开始工作，积累了相当丰富的跨部门、跨职位的工作经验，这为接班人在正式接手公司运营后的工作效率、团队协作、决策准确性上带来了极大的好处。

为此，就中国民营企业应该如何选择接班人，他提出：

■ 要有培养接班人的意识

中国成功的民营企业多数是由企业家个人打拼出来的，中国三十几年的改革开放，走了西方国家一百多年的历程，在这个过程中，企业家敏锐地发现市场机会，利用一切可以利用的资源，随时根据市场变化调整决策，他们在疲于应对市场变化的时候通常并没有太多时间和机会去思考接班人的问题。故中国民营企业在接班人方面是落后于企业发展的。对于第一代企业家来说，年华已将老去，退休是迟早的事情，接班人是必须考虑的问题了。这个问题不只是要考虑，而且必须当成一个企业永续发展的重要命题来考虑，在意识上要把这个问题列在仅次于企业生死存亡之后的重要命题。这是一个企业未来到底能生存多久的问题，不管我们现在的企业家现在年龄是多大，这个问题都必须列入企业重要发展战略。

■ 家族和睦为内核

中国是一个儒家文化的国家，读书人的理想就是“修身、齐家、治国、平天下”，企业中也是一样，家族和企业是很难完全分开的。而华人家族企业遇到一个很重要的问题就是分家产，如果因家产问题引起内斗，对企业将是一个非常重大的打击。例如从2008年开始的香港郭氏兄弟争产风波，虽然最终和气收场，但也已错过了这一波好的地产行情。而另一个香港企业就完全不同。李锦记从1888年创立，如今已经传到了第四代，企业仍在健康发展。文化是支持一个组织前行的基础，正如儒家文化影响了中国两千年来的国家和民族一样，企业的文化也是支持企业前行的内核。对于家族企业来说，企业文化和家族文化很大程度上是一致的，只有保证家族和睦，企业才有机会发展壮大。

■ 形成合理的议事规则

家族企业的和睦并不是和稀泥，一个家族必须团结一致向前行，求同存异。所以，合理的议事规则就很重要了。规则上是为了保护文化的持续性。正如儒家文化也需要国家政权强有力的保障一样，“把权力关在笼子里”。规则是与家族企业相关的利益团队形成的共识，用以制约接班人行为。任何一个企业要想持续发展，如果仅寄希望于一代又一代的家族接班人，这个风险是非常大的。

■ 接班人选亲不如选贤

中国传统文化决定了中国企业家在寻找接班人的时候首选自己的子女。甚至于有些企业家的子女并不愿意继承这份事业,也会将企业传承给自己的后代。其实我们从企业发展的长远来看,企业的所有权和经营权可以分开,如果自己的后代并无这个意愿和这个能力,勉强让其接班,只会让企业快速衰败。去年盛传一个一年败掉一个上市公司的接班人就是一个典型案例(即前文所述的“李海会案”)。事实上,如果企业家的后代有兴趣,有能力作为企业的接班人,那么选择自己的后代是一件非常合适的事情,如果没有,那么我们也可以参考外国的企业,家族成员成为食利阶层,具体经营方面的接班人就让职业经理人来做。当然了,选贤不避亲,选亲也不避贤。把事情做好比让谁来做更重要。

相马不如赛马,如果企业家有几个孩子,都希望掌管企业,那么最好的办法,就是让他们在企业经营过程中去了解他们是否合适这个职位,谁更优秀。论功行赏,选择德才兼备的人来做接班人。

该放手的时就放手。对于已经选好的接班人来说,我们要有足够的耐心等待他们的成长,要给予他们足够的犯错机会,也许他还年轻,经验还欠缺,但是作为企业的未来的决策人,他们需要有自己独立的思考,可以为自己的决策负责。在这方面,有两个不同的例子,一是娃哈哈的接班人宗馥莉,她是娃哈哈集团的接班人,但是却一直在一个强势的老爸阴影下工作,娃哈哈所有的经营决策都是来自于宗庆后。而新希望集团的刘畅,经过多项学习和锻炼后,已成为新希望六和联席董事长,同时,为了弥补刘畅经验的不足,新希望特地安排了知名营销管理专家陈春花任另一位联席董事长。这是中国民营企业中接班人交接做得相对较好的企业。

■ 接班人的培养要有足够的时间计划

成功的接班人很少是由外空降的。新加坡管理大学家族企业学院于2013年8至10月、访问了83间经历两代经营的亚洲家族企业，其中12%更已传至第4代，结果发现，受访企业由教导下一代有关生意营运、培训专业及积累经验，至挑选接班人及正式接手，需历时25年。25年的接班人培养计划通常都是培训企业家后代。当然中国民营企业历史还比较短，不太可能有这么长期的规划，但是也要有比较长的时间。方太集团的创始人茅理翔和儿子茅忠群的权力交接是比较成功的一个案例。茅理翔的接班理论是“带三年、帮三年、看三年”。早在交班前的七八年，他就开始对儿子进行培训和教育，使其尽早独当一面。而今，方太吸油烟机在茅忠群的带领下已成为行业领导品牌。

■ 建立长远的风险控制机制

将所有希望寄于某个人身上是有巨大风险的，企业选择接班人也是如此。但对于企业来说，这个风险是不可避免的，我们只能尽可能地减少这个风险出现的概率。一般情况下，一个现代企业的管理体系会有助于减少这种风险，例如上市公司的治理结构和要求。让接班人从企业基层开始做起，也是一种降低风险的做法。国外还有用基金会来控制企业的做法，现在正泰电器的南存辉说“子女是败家子，我们原始股东会成立一个基金，请专家管理，避免产生家族式管理”。每种做法都有一定的道理，但却不是每个企业都适合。企业应该根据自己的实际情况确定接班人风险规避的机制，只要是有意识，有计划，企业接班人风险一定会降低很多的。

11

韦尔奇选人和柳传志分家

说到企业传承和交接班，有两件事在我记忆中印象非常深刻，这或许又给我们新的启示。

GE 杰克·韦尔奇的交班

杰克·韦尔奇(Jack Welch)，前通用电气 CEO，被誉为“全球第一CEO”、“美国当代最成功最伟大的企业家”。1960 年加入通用电气(GE)塑胶事业部，1971 年底，韦尔奇成为 GE 化学与冶金事业部总经理，1979 年 8 月成为通用公司副董事长，1981 年 4 月，年仅 45 岁的韦尔奇成为通用电气公司历史上最年轻的董事长和首席执行官。短短20 年间，他将一个弥漫着官僚主义气息的公司，打造成一个充满朝气，富有生机的企业巨头. 在他的领导下，通用电气的市值由他上任时的

130 亿美元上升到了 4800 亿美元，排名也从世界第 10 提升到第 1。他所推行的“6 个西格玛”标准、全球化和电子商务，几乎重新定义了现代企业。

1993 年，韦尔奇提请 GE 董事会正式决定，他将于 2001 年 65 岁的时候退休。1994 年春天，GE 公司正式启动选拔韦尔奇接班人的工作。自始至终，韦尔奇本人亲自领导这项工作，而此时，离韦尔奇正式退休，还有整整七年的时间。

前期的筹划与准备

首先，韦尔奇亲自为这项意义重大的工作，规划了四项基本指导原则：

第一，继任者必须成为 GE 无可争议的领导人，这是确保公司精神和核心价值观的稳定与传承所必须的条件。

第二，选拔过程要彻底排除官僚主义的干扰。作为巨型组织的 GE 公司，其最高权力的交接将是一个很大的震荡过程，所以必须保证程序的公正和公平。

第三，必须确保公司董事会全体成员对选拔工作的高度关注和切实参与。

第四，尽可能选择足够年轻的接班人，以保证至少在未来 10 年的时间里可以领导 GE(注，通用电气从不曾考虑在公司外寻找 CEO)。

其次，韦尔奇还跟其他两位副总裁一道，归纳出一名“理想的 CEO”应该具备的条件和要素，包括：诚实、价值观、经验、愿景、领袖气质、锐利、名望、公平、精力、平衡性以及勇气等核心素质，并反复斟酌达成共识，作为初步筛选候选人的标准。

归纳起来讲，韦尔奇筛选 CEO 的有四大标准：

第一：要有对付急剧变化节奏的“精力”。

第二：能“激发活力”，就是要有能力使机构兴奋起来，能激励鼓动人们去采取行动。

第三：要有“锋芒”，要有自信去面对棘手的问题，要说“是”或“不是”——而不要说“也许”。

第四：要实施，即永远都要兑现承诺，决不让人失望。

然后，上述三人小组在历年绩效评估结果为 A 级（即业绩和素质综合评价属于最优秀的 20%之列者）的高级管理层人员名单中，反复斟酌和评估，依照三种分类，选定公司内的 24 名人选。

其中，第一类为必然人选，囊括当时掌管通用电气最大部门的 7 名主管；第二类为热门人选，是最高层主管下表现突出的 4 名主管；第三类为潜力人选，是位居不同职务，表现引人注目的各级主管。这些候选人中，当时最年轻的只有 36 岁，年纪最大的 58 岁，而后者作为紧急情况下的候选人。

尤为难得的是，韦尔奇亲自牵头的三人小组，还认真的为每一位候选人设计了一个量身定制的个人发展计划，特别是对 16 位有发展潜力的候选人，详细规划了他们从 1994 至 2000 年的培训培养和职务升迁计划。

长期的培养和评估

1994 年 6 月，GE 董事会决定，此后每年的 6 月和 12 月，分别举行一次董事会，专门对候选人进行评估，以跟进了解他们的最新进展。

为了帮助董事们和这些候选人有一些会议室外更直接的接触，公司组织他们和候选人在每年的 4 月和 7 月，分别在不同的地方打高尔夫球或网球。公司还为他们举行一年一度的圣诞派对，同时邀请他们的配偶参加。在每次这一类型的活动中，韦尔奇都亲自和助手一起，认真安排四人对抗赛的位置和午餐时的座次，以确保董事们至少有一次和不同候选人进行互动和交流的机会。

每年的 2 月，韦尔奇本人将亲自对所有候选人做一次实时的业绩评估，并发放激励性的现金奖励。每年的 9 月，则再做一次综合评估，以讨论并决定股票期权的授予方案。

1996 年的时候，韦尔奇觉得应该创造机会，以便董事会成员能够对每一位候选人进行更加深入的调查和评估。于是，他请董事会的遴选委员会主席带队，到每一个业务事业部进行实地考察。他们同每一个部门的领导及其团队度过整整一天的时光，包括晚上在一起进餐或打球。董事们会深入考察每一个候选人的领导方式和行为习惯，然后形成书面的评估报告，并提交韦尔奇本人参考。

其间，公司会根据事先为每一位候选人制定的培养和发展计划，不断的变换他们的工作岗位，让他们在不同的行业、区域和环境条件下，接受种种新的考验，以培养或补足他们所需的经历和能力，并且测试他们成长的能力。尤其是第三类的候选人，被锁定之后的升迁调动，都以训练他们成为接班人为考量。

例如，负责运输系统这项工作必须接触政府、工会、社区和其他公司主管等，韦尔奇认为这是通用电气最能磨炼能力的职务。另外，通用电气急于扩展的亚洲市场，以及最赚钱的资本部门等，都是很需要接班人熟悉的领域，也成为候选人的重要去处。

最后的淬炼和抉择

1998年底，韦尔奇和GE董事会一道，确定了最后的三位候选人：杰夫·伊梅尔特、鲍勃·纳代利和吉姆·麦克纳尼。因为GE公司和韦尔奇本人巨大的影响力，媒体对GE公司CEO继任人选的关注，一点都不亚于对美国总统竞选的关注。媒体铺天盖地的报道，给三位决赛选手带来了巨大的压力，但是他们中的每一位，都自始至终表现出高水平的职业风范，没有任何有损公平竞争的行为发生。

韦尔奇吸取自己20年前竞选CEO时所受遭遇的教训，刻意保护三位候选人不受公司总部政治和官僚主义行为的影响和干扰，坚持让他们继续在各自岗位上专注于本职工作，分处于距离相当远的不同地区，尽量避免彼此间因互为竞争对手而可能产生的尴尬。

1999年和2000年的春天，韦尔奇两次召集包括三位最终候选人在内的11位主要事业部CEO，在公司以外的地方举行私人宴会，并讨论公司未来的业务战略和最高领导团队的组建方案，请他们分别提议三个候选人以组成各自心目中最好的领导班子，还请他们坦诚交换彼此之间的看法。此外，还就遴选程序的公正性和合理性，征求他们的意见，解除他们的顾虑。

韦尔奇还当面征询三位候选人一个非常重要和富有挑战性的问题："如果你没有被选为CEO，你会离开公司吗？"他们中的两个，回答说毫无疑问自己会离开GE。这提醒了韦尔奇，让他意识到最初想要把他们三位都留在GE的想法是不现实的。这也促使韦尔奇做出决定，一旦最后的结果揭晓，落选的两位将必须离开GE。

基于这个最新的决定，韦尔奇实施了两项针对性措施。首先，在进入第二轮的8位候选人中，选择了广受好评的两位，提前任命为副董事长，组成下一届董事会的基础班底，以辅佐新CEO渡过适应期。而且这两位将要与新CEO共事的副董事长人员，也得到三位最终候选人的高度认可。此举将保证未来的新CEO一旦继任就拥有良好的团队。其次，2000年4月，在离11月最终宣布新CEO人选还有7个月的时候，韦尔奇要求三位候选人充分讨论和酝酿，提出他们各自最喜欢和最信任的本部门接班人，并在接下来的半年时间里，向各自的接班人逐步移交业务。

2000年7月的董事会议上，韦尔奇的三人小组和遴选委员会的全体成员，花了长达三个小时的时间，反复讨论了每一个候选人的优缺点，但大家一致避免表现出明确的倾向性。尤其是韦尔奇本人，更是努力克制自己。同年10月29日，韦尔奇正式提名杰夫·伊梅尔特为自己的继任人，并充分阐述了自己的依据和理由。最后大家一致通过了这个提议。但为谨慎起见，韦尔奇建议不要急于做出最终决定，希望大家在接下来的三个星期里继续酝酿。

2000年11月24日，GE公司董事会通过正式决议，一致选举杰夫·伊梅尔特为新一届董事长兼CEO。当天晚上，韦尔奇连夜连续飞行，亲赴三地当面把最终结果告诉了每一位候选人。此后，韦尔奇亲自出面，为落选的两位候选人推荐新的工作机会，后分别被3M和家庭仓库(Home Depot)网罗为CEO。

2001年9月，杰夫·伊梅尔特正式接任GE公司董事长兼CEO。杰克·韦尔奇，这位“全球第一CEO”，正式退休。

这听上去像是一部美国大片，给了我们太多的想像。

这虽然是一个具有浓厚“西式”文化的经典案例。

让我们再来看一个“中式”的交班。

联想集团柳传志的分家

早在20世纪90年代，联想集团掌门人柳传志经长期考察为联想集团选定了杨元庆和郭为两人为接班人。杨、郭两人都很优秀，各有所长，舍谁都不忍。

不像韦尔奇以现代西方管理理念竞选淘汰式的选择接班人，柳传志是以传统的东方文化思维处之。

既然“一山难容二虎”，那就为二虎各立山头。柳传志经反复权衡之后将联想集团一分为二，让杨元庆负责PC业务，即后来的联想集团；郭为负责渠道业务，即后来的神州数码，各自明晰了企业产权，既留住并用上了二虎，又避免了二虎相争。

此举，一时引起了商界广泛的议论，有人赞赏，有人不解，乃至非议。不管如何，至少他提供了一个企业传承的“东方式”样本，很有典型意义。

当然，柳传志在接班人问题上并非是“和事佬”，也非那么中庸，而是有很强的主见和原则。

柳传志曾说过，管理就是三件事：搭班子、定战略、带队伍。这被众多中国企业奉为准则。

一次，面对媒体采访时，柳传志说：对于接班人的安排，联想管理层也有过多次讨论，他表示他选择接班人的标准主要包括三方面，(1) 目标要高远，(2) 情商要高，胸怀宽广，(3) 要不求个人的“钱”途，要以集团利益为先。

他进一步说，选接班人就像选太太，要符合两点：一要漂亮；二要爱我。漂亮，意味着能力超群，是谓有“才”；爱我，意味着认同企业文化和创业领袖，是谓有“德”。所以能在联想担当重任的一定是德才兼备的人。

有德，就是要忠诚于联想的事业，保证联想的利益；有才，就是要有卓越的领导能力，能够在企业独当一面。

在此，不妨读一封当年（1994 年）柳传志给杨元庆的私信，从中领悟创业者使命感传承的东方智慧和情怀。

元庆：

来香港后，虽然任务繁重，但对你的情况仍不放心。自我检查后，觉得这几年和你沟通少，谈的都是些你要解决的具体问题。客观原因是你和我都忙，主观原因是没有特别注意我们之间沟通的重要性。我想利用边角或休息时间写信给你，用笔谈的方式会比较冷静，但我也不想很正式，只是拿起笔想到哪儿就写到哪儿，还是自然感情的随意流露，未必就逻辑性、说理性很强，一次谈不完，下次接着再谈。我喜欢有能力的年轻人。私营公司的老板喜欢有能力的人才主要是为了一个原因——能给他赚钱，有这一条就够了。而国营公司的老板除了这一条以外，当然希望在感情上要有配合。谁也不愿找个接班人，能把事做大，但和前任关系不好。开句玩笑，找对象如果对方光漂亮（相当于能力强）但不爱我，那又有什么用？联想已经是一番不太小的事业了，按照预定的计划将发展到更大。此刻不对领导核心精心加以培养，将来就一切都是空话。那么我心目中的年轻领导核心应该是什么样子呢？

一要有德。

这个德包括了几部分内容：首先是要忠诚于联想的事业，也就是说个人利益完全服从于联想的利益。公开地讲，主要就是这一条。不公开地讲，还有一条就是能实心实意地对待前任的开拓者们——我认为这也应该属于“德”的内容之一。在纯粹的商品社会，企业的创业者们把事业做大以后，交下班去应该得到一份从物质到精神的回报。而在我们的社会中，由于机制的不同则不一定能保证这一点。这就使得老一辈的人把权力抓得牢牢的，宁可耽误了事情也不愿意交班。我的责任就是平和地让老同志交班，但要保证他们的利益。另一方面，从对人的多方考核上造就一层骨干层，再从中选择经得住考验的领导核心。另外，属于“才”和“德”边缘范围的内容是，年轻的领导者要凭他的无私，和他对自己的严格要求，以及对他的伙伴的大度、宽容，自己有卓越的领导能力，还能虚心地看到别人的长处，不断反省自己的不足等等。优良品质使人心服。你知道我的“大鸡”和“小鸡”的理论，你真的只有把自己锻炼成火鸡那么大，小鸡才肯承认你比他大。当你真像鸵鸟那么大时，小鸡才会心服。只有赢得这种“心服”，才具备了在同代人中做核心的条件。当然在别的国有企业，都是上级领导钦定企业负责人，下面一般都是心不服的，所以领导班子很难团结。我如果不提前考虑这个问题，而像一般国有企业一样到时候再定，也不是过不去，只不过在联想进一步发展时，可能在班子问题上留下隐患。我是希望向这个方向去培养你的。当你由CAD部调到微机事业部，并在当年就把微机事业部做得有显著起色时，我的心中除了对事情本身成功的喜悦以外，更有一层对人才脱颖而出的喜悦。在你开始工作后不久，诸多的矛盾就产生了。我是坚决反对对人的求全责备的。如果把一切其他人得到的经验硬给你加上去，会使得你很难做。我们努力统一思想，尽量保证环境对微机事业部的支持。事实证明了你的能力和不达目的誓不罢休的上进精神。当事情进展到这一步，我应该更多地支持你发展优势，同时指出你的不足，注意如何能上更高的台阶。而你在这时候，应该如何考虑呢？我觉得应该总结出自己真正的优点是什么？自己的弱点是什么？到底联想的环境给了你哪些支持(这能使你更恰如其分地看待自己的成绩)？主动向更高的台阶迈进要注意什么？当我心中明确了将来作为领导核心的人应该具备的条件以后，我对你要做的事是：(1) 加强对你的全面了解。你自己也要抓住各个机会和我交流各种想法。不仅是工作上的，应该包括方方面面的。(2) 加强和你的沟通，使你更了解我的好处和毛病，性格中的弱点，“后脑勺”的一面，这才能产生真正的感情交流。(3) 互相帮助。但更多的是我用你能接受的方式指导你改正缺点，向预定的目标前进。以上的部分我是用了星期六的一个钟头和星期日的一个钟头写的。马上我又要外出了，我想信就写到这里。下面是我想从你那里得到的信息：

1. 你是不是真有这份心思吃得了苦，受得了委屈，去攀登更高的山峰？

2. 你自己反思一下，如果向这个目标前进，你到底还缺什么？

柳传志

——写于 1994 年

12

要远行，“稳”与“静”

在日本，由于企业几乎皆为家族企业。既然是家族企业，那所有员工自然就成为了“家族成员”，理所当然地形成了“终身雇佣制”和“年功序列制”。

终身雇佣并不等同于“铁饭碗”，只是劳资双方形成的一种不成文的默契，一种双方终身承担的义务。这种制度能够给员工很强的安全感。雇主一般不到万不得已不会轻易解雇员工。大名鼎鼎的“经营之神”松下幸之助在大萧条期间宁可减产一半，工人只做半天活，也不解雇一个员工，一时被传为佳话，而员工则会感恩戴德地将企业视为自己的家庭，齐心协力共渡难关。

与终身雇佣制相配套的就是“年功序列制”。即企业员工的地位和工资待遇会随着“年功”的积累而提高，鼓励员工长期留在企业工作，不仅增强了企业人事结构的稳定，而且更强化了企业内部的家族气氛，形成了和谐的人际关系，避免了大面积“跳槽”，降低了企业的人才培养和使用成本，对企业稳定发展极为有利。

可以肯定的是“终身雇佣制”和“年功序列制”是日本企业的一大特色，他充分体现了企业“老板”要善待员工的经营理念和家文化的治企方略，无疑，也是日本企业长寿的重要因素之一。

另外，日企员工们受到的激励不仅来自于终身雇佣的保障和年功序列的激励，还有“禀议制”带来的归属感。决策者将意向作为“禀议”文件下发到各级管理人员和基层，广泛征求意见后汇总，这种从上而下，又自下而上的决策方式，不但可以把争论解决在决策之前，保证了群体的亲和力，还体现了职工的价值和责任，激发了员工的参与意识。很多日本百年企业仍然坚持这种看似费力、费时的决策体制，大量来自基层的合理化建议通过禀议制被贯彻到决策中，从纵向上维护并加强了企业的集团意识。

稳定的代际传承和人事制度使日本企业具备了超稳定结构，在这种超稳定结构下又形成了日本长寿企业特有的以严格的家训、家宪、家规为基础的企业文化。类似“番头制、莫谈国事、不得从事娱乐业”（锅屋企业）、“不可乘一时之机为急功近利而铤而走险”（住友集团）、“经商如牛垂涎细长，如牛行路步步扎实”（奈良县食品企业），“不可盲目、不切实际多样化经营”（金刚组）这样的家训警句，已成为多数家族企业的金科玉律。

进一步说，由于，企业“一荣俱荣、一毁俱毁”，“大家都在一条船上”的这种家族化特点，因此，企业在经营上趋向保守，不作无为的冒险，很少跨界经营，而是专注自己所长，追求细水长流。

用百年时间专注于某个领域也为企业赢得了社会信赖，这种信赖成为长寿家族企业最可宝贵的财富，提高了企业的抗风险能力。上世纪80年代末，在引发超过日本20万家企业倒闭的平成大萧条中，超过一半的长寿家族企业的业绩持平甚至获得了增长。

无论是“单子继承制”、“终身雇佣”、“年功序列制”还是家训族规，这些长寿密码之下无不隐藏着儒家以家庭为本位的思想精髓，他们保持了家族内部的活力、企业运作的稳定、确立了发展的方向。企业依靠“仁爱”、“贵和”等原则，将修身（注重员工终身培训）、齐家（单子继承制与终身雇佣）和治国（对社会负责）三者紧密串联起来，在内部保持了纵向的和谐和横向的弹性，形成了企业“慈”、员工“忠”的日本长寿企业特点。对比西方的超越型文化，这种充满韧性的企业制度体现了东方的包容性，有助于抵消外界变化的冲击。

2015年6月28日—7月5日，国内正和岛商学院院长、依文集团董事长夏华女士访日游学回来，感慨颇深。连说四个震撼：

震撼一：日本企业的“安静”

这几天我们走过的企业（无论大、小、百年，还是新兴起的企业），他们每一个人都在用自己心甘情愿的付出换取心满意足的得到，这个是很重要的。无论我们接触到的是一个社长、部长还是一个员工，这份儿安静的力量是让我内心特别震撼的，尤其在今天中国真的是觉得浮躁的状态下，你会觉得特别震撼。

震撼二：强大的使命感和责任感

我们所见的无论是大品牌还是小品牌，大企业还是小而美的企业，你都能够感觉到它强大的使命感和责任感，而且我觉得这不仅仅之于社会，它可能更高的角度都在之于整个的人类，我觉得这个是让我特别震撼的。我一直喜欢一句话说“当阳光照进来的时候，灰尘也有了方向”。我觉得就是那种阳光照进来的感受，就是会让你有阳光照进心灵的那个感受。

你会觉得这种使命感，无论企业大小、长短，最关键的是有利他的思考，有那种强烈的使命感，你就会觉得有方向、有力量。对于做企业的人，这是一份巨大的力量，这个是让我觉得很震撼。

震撼三：日本企业穿越低谷周期的能力

日本企业这种生存的能力（我所说的穿越低谷周期的能力），也是让我非常震撼的。每一个企业都可以默默地去穿越那个低谷周期，没有人急于转型，没有人想放弃，他们一直在创新的路上去穿越每一个障碍，我觉得这是对企业巨大的鼓励。我们今天很多企业都希望在当你走不通的时候，就希望赶紧转型，挖这个井挖不下去的时候，你就想换一个地方挖，这是很多中国企业普遍的心理。

我觉得这种穿越低谷周期的能力，第一个叫安静的力量；第二个是这种强大的使命感、责任感；第三个我觉得穿越低谷周期的能力，就是每一个企业都扎扎实实地在自己挖自己的井，深挖自己的井，每一个企业都在深耕自己的这份田，我觉得这个确实是一种非常了不起的能力，不躲闪、不逃避、不放弃，我觉得这是一个企业家的能力，也是一个企业的能力，就是你内心能抗拒所有诱惑，甚至内心你能够抵御很多失败感，并往前走，这是第三个很震撼的。

震撼四：低谷周期之后迅速登顶的能力

我们看了类似于松下政经塾、佳能这样的地方，当我们看日本大企业的时候，你会发现他不仅仅是有穿越低谷的能力，还有迅速登顶的力量，站在顶峰上后依然很努力。这也是非常了不起的，通常人们说穿越低谷周期是为了活下来，但是你会发现很多日本的大企业穿越低谷周期是为了迅速登顶，而且它有迅速登顶的能力和这种力量。因为穿越这个低谷周期的时候，有一个非常强的预备能力，就像助跑的能力一样，所以就会有迅速登顶的力量。

在回答记者提问：企业为什么要活长，企业要传承什么时，夏华说：我相信在座的很多企业家都在思考，而且直戳人心。我觉得大家都在想，包括我们当时也在说我们传承一个品牌，其实是传承一种精神和一种内心的力量。

我觉得日本的一代一代人其实就是这样，他传下去的只是代代相传的那么一种向前走的力量，坚守的信念，我觉得这个很重要。其实最终他并不是简单地落到一种产品，因为一种产品会消失，然后甚至一个品牌会被忘却，但是一代一代人向前走，就是坚持向走的那股信念，我觉得这个他们传下来了。无论是做什么（酱油、寿司的、每一样小东西的），一代代家族坚守，深耕自己的田，坚守自己家族的理念，我觉得这种精神还是非常值得借鉴的。

中国企业“火是一阵子、活是一辈子”，有尊严地活下来才是一个企业家最应该思考和坚守的东西。一个企业先具备了长久有尊严的活着的能力，才去思考你会否成功。这个特别直指内心的。

记者问：您参观过不少日本的企业，包括通过这次日本游学的观察，您觉得日本的家族企业之所以能够做的长远的一个共性是什么？

夏华：一个是他们从开始时就会有非常好的顶层设计，其实就是员工、股东、家族利益分配的清晰度，我觉得这一点做得很好。

第二个是从开始时国际化水准就非常高，你看我们去的所有这些企业都是国际化的水准非常高，全球化的战略非常清晰。它可以从一个小的产品出发，但是它会迅速有国际化的思考，我觉得这一点很重要，它不是只思考本土市场。

另外，你会发现日本企业的执行力非常强，他们的战略清晰、视野宽广，国际化再加上执行力非常强，每一个人都坚守他自己的岗位，做自己的那件事儿的能力极其强，价值观高度一致。

13

慧聪国际的凡生洞见

相对于日本企业的“稳”与“静”，大家公认中国企业短寿的一个重要原因是“浮躁”。

有一次一位日企董事A先生谈到了中日企业家的区别。他对中国企业家的灵活、大胆、冒险精神赞扬不已，但说完后顿了顿道，“或许是大环境使然，接触的中国企业家大多只关心‘钱生钱’，对脚踏实地地做实业，尤其是成就一家百年企业，基本上都兴趣不大”。

日前，慧聪国际董事长郭凡生在网上发表了一篇让中国民营企业家无处遁形的深度文章——《大陆首腐》。

此文在各种自媒体上急带传播，对此褒贬不一，泾渭分明。对中国式“老板”的形象和评价，一度出现鲜明对立的红黑两面。

在一次专题沙龙中，笔者和大任智库创始人卜安洵论及郭凡生此文，卜安洵却给予了针锋相对的，也是耐人寻味的解读。下面我将郭凡生的文章和卜安洵的解读引录如下，供读者研判：

郭文如下：

创业时我们知道没有退路，所以我们成功了！穷变富是升天堂，富变穷是下地狱，你下得去吗？

不少企业家花巨资去当政协委员、人大代表，你们知道在那些官员的眼里你们是什么吗？你能够担任这些职务的重要原因，也就是因为你的企业还行，如果你的企业完了，明天你就会被踢出去，成为酒桌上的笑谈。

我们是企业家，我们要有独立的人格。没有了独立的人格，我们还叫企业家吗？在人屋檐下，哪能不低头。抬不起头时，难道咱还直不起腰吗？不能说真话时，一定不能讲假话，保持人格的方式是不说话！否则，我们只能是权贵的奴才。

我是生在红旗下，长在新中国，经历了上山、下乡、当兵，78 年又考上人民大学的“精英”一代。82 年开始在从政做官，87 年转入国家级的研究机构工作。因为种种原因我 90 年不得不下海创业，引领慧聪国际走了二十三年，由一个街边店成为了国内首批在海外上市的 B2B 网络企业。

我是一个真正白手起家的私营老板，从来没有寻租和靠官去挣过钱。因此我才敢讲下面的话。

敢冒天下之大不韪，谈民营企业的腐败是出于一种责任，也源于我对民企弟兄们深深的爱。我真的看到今天在大陆最腐败的群体，不是国企领导人，不是政府官员，而是我们这些民企的老板。

我知道这篇文章会得罪天下不少的老板，但我相信它也一定能够

帮助那些正在迷茫中奋斗的企业家们。今天,民企腐败超过国企、超过贪官的特征主要体现在下面几点:

一、 极度缺位，懒散无度

2008年开始连续八年,我在钓鱼台国宾馆办了五十多期股改班。每次我都会对一百多位老板提同样的问题:“拍着良心告诉我,今天你们谁还能打卡准时上下班的请举手”?每次举手的人都不超过三成,而且几年来每次举手的人越来越少。

我总结这些老板是一三五休息,二四六放假,逢年过节国外旅游,我相信国企的老板们和官员们也绝对不敢这样。我曾很多次压抑不住自己的伤感和愤怒,在股改班上对上百位老板们呐喊:“你们当年创业的精神还有多少留存?这样下去我们怎么还能活在世上?这样的老板企业不破产天理难容!”有些老板和我解释,他这样做也是为了工作:”我的作息时间调整了,我来得晚我们也走得晚呐”。

在整个股改的体系研究中,我们把老板不准时上下班定义为老板缺位(现在许多老板时间上虽然不缺位,但是他们也没有到位,就是上班瞎管,管不该管的东西)。我们把老板缺位定义为三个阶段,第一阶段叫职务缺位,也就是不准时上下班,不好好履行自己的老板职务。

在职务缺位之后,因为不好好工作就会出现能力缺位,这是老板缺位的第二个阶段。特别是你的企业从小向大发展过程中,企业管理从小型化的老板看得见的直接管理为主向大型化发展过程中老板看不见的间接管理为主的过程中,你的缺位,肯定会使你落伍,你的能力已很难适应企业成长的要求了。在职务缺位和能力缺位之后,就是第三阶段的心理缺位。

工作中你发生的偏差越来越多,越来越大,这使你一到公司上班就心烦意乱、痛苦不堪,上班成为一种巨大的折磨。老板已经视做自己企业事情成为最大痛苦,已经生不如死了。

写到这儿,所有的老板,不管你是否同意我上面的观点,都可以判断一下,你自己处在老板缺位的哪个阶段。

我每次都对股改班的老板们大声疾呼:归位吧,找回咱们创业时那种激情和勤劳,但基本上是呼之无用。我只能对天长叹:英雄老矣,廉颇老矣!这是民企老板的第一个腐败,这个腐败肯定超过了国企和国家机关人员的腐败,因为在那里他们谁也不敢像我们这样缺位。

卜安洵解读

位和位子,肯定不该是那张老板的桌椅或那间老板办公室,所以将不能按时打卡就视同"缺位",就太牵强了。真正的缺位是无人决策,无人负责,这在民企是最不可能发生的,国企倒是较为普遍。何况,即便以"打卡上班"而论,老板的实际工作时间,通常也是远远超过一般员工的,只是他的工作现场,未必都固定在办公室罢了。连李嘉诚也每天有二、三个小时泡在高尔夫球场呢!至于后边的"能力缺位"和"心理缺位",由于市场变革和技术进步等,大多数民企老板都很可能有能力危机,所谓"本领恐慌"。但比之国企而言,也肯定有更紧迫的危机感,用更多的时间投入学习(否则也不会去听郭凡生的课了)。横向比较,无论学习力还是抗压力,民企老板都要优于其他人,郭一定要让他们在三种缺位中对号入座,如果特指少数不思进取的老板还可理解,如果指向民企领导整体,就大不当了。

二、全面"四化",五毒俱全

我在股改班上的总结是:全面"四化"五毒俱全:

家族企业政治化。是指家族企业领袖们没有把管理企业作为头等大事，而是把跟官员打交道当做了重中之重。我曾是资深的政府官员，不少官员常请我吃饭。他们请我吃饭时，常会有一个老板坐在下手，通常话不多说，老是跟着笑，我明白他就是一个来买单的角色。

我特别为这些弟兄们感到悲哀，我们成了“大户”人家的奴才。不少企业家花巨资去买政协委员、人大代表，你们知道在那些官员的眼里你们是什么吗？你能够担任这些职务的重要原因，也就是因为你的企业还行，如果你的企业完了，明天你就会被踢出去，成为酒桌上的笑谈。

家族企业国营化，是指我们现在对私营企业的管理已经越来越像国企了。我问过许多民企老板：“请告诉我，现在你们的企业除了产权制度和国营企业相比还有不同以外，你们的工资制度、奖金制度、劳保福利制度等所有方面跟国营企业还有什么区别呢？”不少私营企业甚至把向国营企业学习作为一种荣耀。

企业老板唯心化。不少老板敬关公，拜佛祖，信道教、学儒教、拜上帝、跪安拉……拜神求佛也得懂点规矩吧，连这道理都不懂你究竟信的什么呢？我想提醒一下创业起家的兄弟们。在你很穷的时候，你拜的起神吗？那时你穷的香钱都舍不得花，你去拜谁？因为当时你没有拜神，只有相信自己，你成功了。今天你成为了富人，今天想保住你的富贵不再是靠勤劳、智慧，而想靠神鬼可能吗。我去温州帮助一个企业股改，忙里偷闲去打了一次高尔夫。让我震惊的不是球场，而是球场山中的庙。

我大概算了算，十八个洞边最少有三十六个庙，个个香火旺盛，我不禁要问那么信佛为什么还会产生“温跑跑“(欠下巨额债务跑路的一位企业家)？如果真的烧香佛主就能保佑你，我们这些原来的穷光蛋今天谁也成不了富翁，因为前面的富翁他们天天都在不断的烧香拜神。不管你怎样拜神烧香，富不过三代的魔咒你改的了吗？

企业老板风雅化。我们的老板们不好好做企业，搞起了附庸风雅。鉴古收藏，就更不要说了。我看到许多企业家的办公室里挂着所谓的名画，摆着高级的紫檀木、红木家具。第一你懂得真假吗？第二你背着那么多的银行贷款，付着高额利息，却拿钱来置办这些对你企业毫无用处的东西，这对吗？

企业老板豪吃海喝包二奶赌博吸毒，“五毒”总得沾上几毒，五毒俱全的不在少数，有些甚至涉及黑恶势力，不能自拔....。很多企业老板在企业衰退的时候总会回想过去的辉煌，发现在这些方面真的是疯狂得惊人。最最可怕的是五毒不沾又能准时上下班的人，在近几期股改班上，我让他们举手的时候，已经不到一成。这让我惊叹又万分痛心。我常问苍天，这难道就是当年改天换地的创业者们？让中国脱贫致富的企业家们吗？这样的企业不破产天理难容！

卜安洵解读

如果这“四化”的程度最高用10来度量，国企可能在6以上，而民企大概在4以下。当然，我和郭凡生一样拿不出具体的数据。这“四化”因何产生姑且不去追究了，我们可以期待一下它们如何结束。当权力远离资源，就不求政治化了；当效率决定订单，谁还会学国企呢？当市场规则可预期，唯心的自然少了；至于风雅化，只要不像国企或政府领导用了公家的钱，有什么坏处呢？

三、自大狂妄，苛员溺后

老板们在企业里总是一个人说了算，以老大自居，根本听不进别人的意见。自己缺位不敬业、不努力，还不愿意听内行的意见，周围养着一批溜须拍马专门说好话的小人。讲到这儿，希望每一个老板把你周围的人排一下队，看看你周围有几个人还愿意跟你拍桌子争论？不少老板自大狂妄到了让别人看着都可笑、可怕又可怜的地步。

我们都有孩子，你一定希望把企业交给孩子，让企业成为百年老店，请问走天下富人育后一样的路，你怎么就能改的了"富不过三代"的规律呢？穿金戴银长大的富二代多数学习不好，大家知道孩子学习很差，多数因为在国内连三流大学都考不上，就花重金送他们去英国、美国、加拿大学习，这还成为在酒桌上和朋友炫耀的内容。

尽管你花了很多的钱让后代读书，但后代大多数都不愿意留在国外，因为一是回国要比在国外的生活好得多。另外，要在国外留下生活要靠真本事啊，他们只有回国。

香车、美女、志大才疏，已经成为富二代中极为普遍的现象，更可笑的是这帮手无缚鸡之力的"衙内"们，竟还有有百分之七十以上的人明确表示不愿意接班，想干更大的"事业"。我的一个朋友也是中国著名的企业家，他把儿子叫回国，在自己的企业从"基层干起"。我跟他说这简直是掩耳盗铃、自欺欺人，你根本不可能做到。

我仔细了解到的情况是，他的儿子白天在车间里当"工段长"，每天一下班就有人用高级车把他的儿子带出去吃喝玩乐。谁都知道，哄住了这个"衙内"自己就可能升官发财。

在你身边有一群跟着你奋斗了十几年甚至几十年的弟兄，他们现在还不富裕，你真的认为他们的能力比你的子女差吗？你真的认为你的子女可以领导他们吗？呸！在这儿你既无朋友情义，也缺少一个基本的理性判断，你的孩子很可能是败家子。

我长在内蒙古，在鄂尔多斯有一帮好朋友。几年前，鄂尔多斯商会的会长跟我说："凡生啊，有几个孩子关于资本市场的问题想向您求教，你可不可以见见他们？" 我说："可以呀，你的孩子，不就是我的孩子吗？ 让他们来书院吧。"记得有天下午他们来了，几个小伙子长得很帅，穿的也很体面，送上了他们父母带来的礼品。

但我们的谈话仅过了十几分钟后，书院的工作人员来告诉说："郭总，外面乱套了！"我不明白怎么回事。因为我的书院在中关村最繁华的地方，是一个两进院子的关帝庙。关帝庙前几百平米的停车场，是我们专用的，怎么会乱呢？ 我出去一看惊呆了。

原来在慧聪书院门口停了两辆加长的奔驰和一辆巨大的悍马，人们像看车展似的，围着这些奇怪的车在揣摩观看，他们的车把天子脚下的人都震倒了。我把几个孩子叫出来跟他们说："把你们的车马上开走，扔到哪儿我都不管。

你们到这来炫什么富呢？ 我的慧聪书院是读书人待的地方，你们来是向我请教学问的。既然这么富，你们还搞什么资本市场，去花你们爹妈的钱就够了。滚！"我把他们骂走了。但那天我的心情非常不好，晚上我跟我的老朋友边打电话边喝酒，他在那边哭了，他跟我说："凡生啊，我真的没有办法，我不知道该怎么教育他们"。

有人会问这是为什么？ 我认为这些孩子必须进入一个使他们良性成长的环境。书院是一帮高学历，出身贫寒学子组成的团队。他们有着良好的团队意识，优秀的学识和道德，他们崇尚勤劳，尊重知识，他们是良币驱逐劣币，谁在这里炫富，谁不努力谁就会被赶走。

在这样一个环境里，不管你家有多少钱都得从头干起，因为郭凡生坐在这儿。他们可以看到我每天在怎样工作，在这样的环境里他们真的可以学到一些东西。

如果你让他蹲在你挖煤的企业里，跟在你制鞋的工厂中，待在你开饭馆儿的老家，他们永远见到的是那些吹捧他们的“小二”。大家都在望子成龙，龙跟龙在一起才可能成为强龙啊。龙和猪、鸡圈在一个圈里，即便飞起来也难和强龙竞争，这就是环境造就人。

我在股改班和几千位企业家们不断地讲，我相信五年、十年后你们中间的多数人已经不是老板了，因为你们的孩子接不了班，坚持代理制你又无法将企业交给跟你没有血缘关系有能力的人，您的企业肯定做不下去。

我们这一代企业家，绝大多数人到了老年最悲哀的事情是看着自己最心爱的子女，把最心爱的企业搞没了。我相信只要不是从共享制的角度找出路，这是中国多数老板悲惨的共同结局。

卜安洵解读

“自大狂妄”当然不好，但它与“刚毅果决”是很难区分的，民企由于产权集中、责任集中，因而决策集中，这是竞争优势，但如何发挥集体智慧，如何建立长效机制确实是重大挑战。对此，千句责备怒骂不如一条可行的建议。问题在于：连国企这类天然的民主土壤都长不出集体决策之花，郭凡生能够给出民企如何民主化发展的良策吗？至于富二代的种种劣迹，已经被符号化了。这其中既有对新生代个性的排排斥（那么多不富的二代不也让上年纪的我们种种看不惯吗？）也有二代在企业内的接班难以避免的磨合期因素（选一位非二代的接班人难道冲突就少了？）无论如何，我们不应把个别企业家的个别性的教子无方，当成整个群体的负面特征来放大。

四、 德无制，行无规、损无忌

腐败惩戒底线是制度，在国企和机关你公开贪污甚至乱花钱是犯法的，我一个大学同学，曾是交通银行一个省行的一把手，就因为他给员工每个人多盖了一套房子就被撤职查办。所以国企和机关的腐败是有制度作为惩治底线的。

而民企老板的腐败没有制度作为底线来惩治，只能靠老板的道德和觉悟来“自律”。国企上下班有人管，私企老板不上班哪有人敢问。国企谁敢公开娶二奶，谁敢公开坐超标的高级车，虽然有人顶风作案，但那毕竟少数而且是违法的。但在私企，只要老板敢就无人管啊！我亲眼到不少老板领着二奶参加聚会，见朋友，甚至以此为荣。

很多中国人都讲仇富是不对的，但我觉得现在的仇富反而有合理性，如果再没有社会的仇富阻挡，天下的不少的富人就更没有底线了，就会做出更多无耻的事情，现在的仇富似乎制约无耻老板们无耻行为的唯一底线。有不少做生意的老板是靠寻租和官商勾结而起家的，我劝告这些人：

第一，不是好来的钱，你留不住。

第二，不是好来的钱也教育不出好孩子，因为你的行为在天天教他们坏。

第三，因为你钱的来路不正，社会一定不会尊重你，虽然你有了点钱，你会天天感觉人生无味、危机四伏。一些老板想作善人善事来抚慰自己的心灵。

不少人捐了善款，其实善款在多数老板的心里就是生意。我问过不少企业家，其中一个非常有名，他的捐款也很多。我说：“你捐款的活动和广告，如果不上你自己或者你企业的名字，你还会捐款吗？“他们几乎都说:“不会!”因此,他们的捐款是一种买卖,他们是借着慈善的目的做广告,想多挣点钱,从“善”中追求更多的利润。

有的人到台湾,美国乱发钱,感觉自己很了不起。还捐给政府一大笔资产,而他企业员工的月收入才三千多块,我有一次在会上问他,你这样苛待自己的员工,为什么还要对天下人善?员工不是天下人吗?因此,在多数老百姓的眼中,今天中国富人捐的钱不是善款是在用钱恕罪,你捐多少大家都不会认为你是在行善,你捐得越多,大家认为你的罪孽越深。

人们常说,一个富人三年足矣,而一个贵族却需要三代。因富而贵应是所有家族传承的目标。像福特、洛克菲洛、沃尔玛家族等等都完成了这样的飞跃。但今天大陆大多数企业家,按照现在的行为准则走下去,我认为此路不通。

卜安洵解读

呼唤制度反腐当然对,至于是不是约束民企较少,要优秀的律师才能判断。而如果有腐败行为,我倒认为已公开的好查处,那些隐藏的危害更大。至于那些劝良从善的话,当然都对。只是整体上讲,民企要靠市场买单才有钱挣,所以基本上是辛苦钱和良心钱。致于权钱勾结的回报,虽然不会没有,但那是国企们“吃肉”之后剩下来的“汤”,我们不该一味指责。还有民企员工的收入,要相信民企更知道不同人才的市场定价,因为毕竟员工是来去自由的,工资不合理,肯定招不到想要的人才。

五、逐名、尚虚、误实

今天不少老板读了“名校”,其实是花钱买的文凭,许多老板上学不读书，把上学视为一种娱乐和交易的圈子。

十几年前在光华管理学院 EMBA 的年会上，同学们编了首歌谣叫，你拍一我拍一，一直到你拍十我拍十。给我印象最深的是你拍一我拍一，光华上学坐飞机，你拍七我拍七光华考试不复习。我在他们的年会上直言不讳的对他们讲："今天你们都是坐着高级专车来的，而我是打的来的，你们有谁打的来的？请举手！"台下没有人举手。

自古讲国乱出忠臣，家贫出孝子，你们上学都可以做着飞机的坐头等舱来，你们为什么还有什么动力来学习和读书？你拍七我拍七，光华考试不复习。读书不复习还考它干什么？不考试你们还读的哪门子书呢？丢人现眼还当荣耀，有辱斯文。"我指责了他们，全场都不吱声，他们没有什么话可说，我记得王小丫也是那期的学员还兼着晚会的主持人。

更有甚者，过去几年，北大的后 MBA，经常给我打电话、发短信，让我去读北大的后 MBA。说那里有多少部级、局级的高官，有多少国企的大领导来参加学习，跟他们在一起将会得到资源，得到人脉的发展。能得到什么资源？那是不要脸的资源，那是腐败的资源，那是官商勾结的资源，那是让我们企业走向灭亡的资源！

我们是企业家，我们要有独立的人格。没有了独立的人格，我们还叫企业家吗？在人屋檐下，哪能不低头。是的抬不起头时，难道咱还不直起腰吗？不能说真话时，一定不能讲假话，保持人格的方式时不说话！否则，我们只能是权贵的奴才。

我的这篇文章会得罪不少老板，我不是说您没进正规大学就不能成为读书人，我也是 24 岁才进的大学，但是我进去认真读书了。近几年那些 EMBA、后 EMBA 去上学的人还不如不去，上学不读书，却要学腐败。

这几年 MBA、EMBA 的同学有一个很好的说法，是组织起来去游学。在一次股改班的课堂上，有一位学员说他得早走一天，因为他们总裁班的同学要去英国游学。我听着就笑了，调侃着对他说："你懂 ABC 吗？你会说英文吗？"他脸红着说："我不懂！"我说："你连英文都不懂你去游什么学？不就是去玩儿吗！"许多 MBA 的学习是，上课睡觉、晚上胡闹、吃喝玩乐、无所不为。

我曾问过几个，股改班的学员，他们都是小有成就的企业家。我调侃他们说："如果你们 EMBA 的国内聚会，只有男生参加没有女生去，人员会不会少一半？如果你们出国的游学只有男生没有女生，你们还组织的起来吗？你们在为自己的腐败，和寻欢作乐戴上无耻的光环。

对不起，我不认这一切可以被人尊重，这种事情正在不断的腐蚀着你们最后的勤劳和干劲，弱化着你们的企业家奋斗精神，你们离失败已经不远了。

卜安洵解读

逐名、尚虚、误实，这几顶帽子都蛮重的。但细读之下，又不免失笑。自己打的来的，就气别人坐豪车来么？为什么一定要复习才考试呢？（应试教育那么多年，就不能幻想一下抛弃它？）不懂英文就不能去游学吗？至于 EMBA 班中的结交、活动等等，难道不是交流和学习？退一步讲，如果课堂上的教授真的生动又务实地讲授企业发展的有用之道，这些来自企业领导岗位的学员会不注意学习？你真以为他们不知道什么有价值？什么更重要？

从我看到的一切，我认真的说，今天中国大陆最腐败的人群，不是官吏，不是国企领导人，而是我们这些私企的领导人，我们才是大陆最腐败的人。我们和他们不一样，我们是穷人出身，我们是一步一步靠奋斗而走出来的，我们那点钱是用血汗换来的，我们去跟他们学的起吗？值得学吗？

今天国企倒了无所谓，他们才占GDP才百分之十几，他们容纳的就越不到百分之十。而今天的中国，如果我们这些私企出了问题，中国就完了，百分之九十的人将没有饭吃，我们将亡国灭种。而更重要的是要亡家。

在寻欢作乐、在不努力奋斗的时候，你想过你有退路吗？你们绝大多数人的贷款是签了无限责任的合同，还不起款是要卖房子、卖地、卖车来还的。

一位企业家因为还不起债，被债务人把手表都撸去了。内蒙两个企业家因为还不起债，把油泼在身上自焚以谢天下，想想他们的后代有多可怜！国企的领导不干了，还可以到机关去当官，你们可以吗？我们是没有退路的，穷变富是升天堂，富变穷是下地狱，你受得了吗？创业时我们知道我们没有退路，所以我们成功了。

现在后退一步踏伤的是自己的父母、孩子和成千上万的员工，我们真的没有退路，我们真的不能退。我知道你们会说现在难，环境不好……但现在再难也比我们创业时候好多了吧，那时候我们被称为社会经济的部分，私营企业的所得税是55%，而外企的所得税是三免三减三减半，连续十几年国营企业从来不缴税，上市也根本没有我们的事，那个时候的股市是为国营企业开的。

今天就是再难也比当年好吧！只要你还是个男人，还挺的起腰杆，还有再创一次业的志向，不管多难你都会站起来，因为我们的家不能没有我们，中国不能没有我们。

写此文我是在美国，因为倒不过时差，我是在夜里两点钟喝着二锅头改完这篇稿子，看着华尔街耀眼的灯光，看着自由女神背后的形象，我在想着我们这些人一、二百年以后会被后人怎么看待？

夜深了，我只能听见高速公路上汽车往返的声音，但我的心还在我的祖国，还在我那些家族企业领路人弟兄们的身上，我真的希望大家觉醒，我们共同再创一次业，让中国在我们的引领下走向富强！

不忘初心，方得始终！

卜安洵解读

我最不能同意的是这种断言："今天中国大陆最腐败的人群，不是官吏，不是国企领导人，而是我们这些私企的领导人，我们才是大陆最腐败的人"。也许郭凡生想揭示少数现象以警示整体，但再美好的出发点，也会因为可怕的结论引发社会的灾难！近30年来，为中国市场提供主体活力的正是民企，而今在世界经济舞台上代表中国企业正面形象的也是民企(华为、海尔和BAT等)。即便从最直接的观察、日常的感知，我们所认识的绝大多数民企老板，那份含辛茹苦，那份兢兢业业，都让人心生敬佩！

民企老板并不缺乏美，只是我们缺乏发现美的眼睛！

14

企业家的生存智慧:危机意识

慧聪国际的郭凡生以自身感受揭示了当下中国企业的一种危机。这种危机是内生的,当然,企业还常面临来自外部的种种危机。

《有生命的公司》一书指出:在过去的二十年里,《财富》杂志评选出的全球500强企业,平均寿命也大约只有50年,而那些存活下来的幸运者中,至少有45%,每10年会遭遇一次毁灭性的打击。

管理学大师彼得·杜拉克在其所著的《21世纪的管理挑战》一书中进一步指出:美国有85%的企业,在危机发生一年后就倒闭或从市场消失。

另有报道说:40%—60%的品牌在上市的第一年即遭失败,在过去的25年中,61%的领导品牌已被竞争对手取代。

几年前就有调查称,在中国45.2%的企业处于一般危机状态,40.4%的企业处于中度危机状态,14.4%的企业处于高度危机状态。

危机，危机，已是企业头顶上绕不开的阴云，是企业前行中不可回避的重重阻碍……

可以说企业一生、危机丛生；经商之道、危机当道。

正如吴晓波在其《大败局》一书中写道：如果我们要判断一家企业是否是一个稳定和成熟的企业，首先要观察的是，它在过去的两到三次经济危机、行业危机中的表现如何，它是怎样渡过成长期中必定会遭遇到的陷阱和危机的。

据我长期观察和研究，大凡优秀长寿的企业都有一个成熟度的标志——“危机意识”。

换句话说，成熟的企业家都有“惧者生存”智慧，他们都不会因一时的得势而忘乎所以，他们懂得拥有今天不代表拥有未来，唯有恐惧未来才能有准备地战胜未来、拥有未来。

这里，不妨让我们听听一些企业家的心声：

■ 微软的比尔·盖茨早年就告诫他的员工：

微软离死亡永远只有18个月的时间。

■ 海尔的当家人张瑞敏时常感言：

每天的心情都是如履薄冰，如临深渊。

他在办公室挂着《财富》杂志专访他的封面照片，背景是泰坦尼克号。以警示大企业如同泰坦尼克号，一旦触礁就会沉没。

■ 华为任正非最经典的语录“华为的冬天”：

十年来，我天天思考的都是失败，对成功视而不见，也没有什么荣誉感、自豪感，而是危机感。也许这样才能存活下去……失败这一天是一定会来的，这是我从不动摇的看法，这是历史规律。

■ 格兰仕老板梁庆德说：

格兰仕成功的最锐利的武器，就是在企业内部实现危机管理，这种危机意识不是“居安思危”，而是“居危思危”。我们格兰仕从来没有处于过“安全地带”，一直都是停留在“危险区域”。

■ 福耀集团曹德旺办公室里的挂着曾国藩的对联：

战战兢兢即生时不忘地狱，坦坦荡荡虽逆境亦畅天怀。

■ 阿里马云一次在发给员工的《冬天里的使命》内部电子邮件中写道：

一个伟大的公司绝不仅是因为能抓住多少次机会，而是因为能扛过一次又一次的灭顶之灾。冬天并不可怕，可怕的是我们没有准备，可怕的是我们不知道它有多长，多寒冷。机会面前人人平等，而灾难面前更是人人平等，谁的准备越充分，谁就越有机会生存下去。

■ 腾讯马化腾一次在广东论坛上表示：

互联网行业永远不存在很安稳的坐票。坐票太安逸了会让人失去斗志、失去激情，我愿意全程站着，保持站着的姿势！

■ 万科总裁郁亮 2014 年年底在向全体员工的公开信中写道：

在 2008 年之前，我们也曾一度把规模数字本身作为追求的目标。而从今年开始，我们对于传统业务规模数字的扩张，甚至要保持警惕的态度。

■ 商业奇才史玉柱为自己制定了三项“铁律”：

1. 必须时时刻刻保持危机意识，每时每刻提防公司明天会突然垮掉，随时防备最坏的结果；

2. 不得盲目冒进，草率进行多元化经营；

3. 让企业永远保持充沛的现金流。

■ 香港长江实业李嘉诚：

90％的时间是考虑“失败”，他说：一个机械手表，只要其中一个齿轮有一点毛病，你这个表就会停顿。

■ 日本经营之神松下幸之助 ·生倡导“堤坝式经营”：

1. 设备堤坝。维持设备一二成的剩余能力，以灵活应变。

2. 库存堤坝。产品库存适量，在市场波动中保持平衡。

3. 资金堤坝。保证足够后备资金，才启动项目。

4. 产品堤坝。产品如日中天时，新产品研制就要展开。

5. 心理堤坝。对变化，心理上以不变应万变，行动上以变制变。

■ 韩国三星李健熙告诫大家：

危机，总在你自认老大时降临。

三星看到，世界500强每十年就会有1/3被淘汰。认为“在21世纪，不能做到一流就不能生存。过去二流、三流的企业在自己的领域也能够生存，但在全球化的时代，这是不可能的，要时刻保持高度的危机意识。”“经济战争是一场没有硝烟的战争，参与者甚至在没有意识到自己已经置身于战争的时候就败落了。没有人会帮助这场战争的战败一方，保护失败者的观念早已消失不见了。”

三星在公司内时常能听到一个词——“非常状态”。经营上一旦出现问题，就立刻发出“非常状态”的警示。三星要求全体员工必须始终以健全的危机意识为指导，不断接受环境的挑战，不断进行自我的创新，这是三星新经营哲学思想的核心。

事实正如著名的管理学者日本大前研一所说：影响组织健康的关键因素是，领导者是否保持危机与精进的思想！

切记INTEL公司前CEO安迪·格鲁夫所言：没有准备的企业在危机中消亡，优秀的企业能成功地度过危机，只有伟大的企业在危机中发现机遇。

15

复星:“抱着孩子”经营

我很喜欢复星集团董事长郭广昌说得一句话:不振臂高呼的都是抱着孩子的妇女。我和她们一样,我怀里抱着复星。

由郭广昌和梁信军、汪群斌、范伟四位复旦大学毕业生共同创办的复星集团如今可以说是中国极具影响力的企业之一了。从1992年创业以来,复星先后投资了医药健康、房地产、零售、钢铁、矿业、服务业及战略投资等多个领域。目前复星已在香港实现了整体上市,2013年企业年净利润约40亿元,净资产达500多亿元,管理资产超过1600亿元,控参股企业员工近10万人,并已进入全球化战略阶段。

复星能有今天,与当家人郭广昌的“抱小孩”经营思想密不可分,进一步说就是企业遵循谨慎经营、安全求进的发展思想。其中建立规范的现代企业制度最为核心。

规范透明

随着企业规模渐渐扩大，复星意识到：必须形成规范透明的现代企业制度。按郭广昌的话：对内，现代企业制度是团队合作的重要基础；对外，现代企业制度是开展企业间合作的必要条件。

2004 年，新疆德隆集团出事后，有人把怀疑的视线投向了复星。当时郭广昌与美国 GE 时任 CEO 杰克·韦尔奇有过一次对话。他说，与其让人猜测，不如自己主动做到规范透明。为此，复星决定不等外界对复星进行"解剖"，自己先主动进行一次"体检"。一方面，邀请安永会计师事务所，为企业作财务状况分析报告；另一方面，邀请国务院发展研究中心企业研究所，对复星的发展思路进行了客观剖析。结果以良好的"体检单"坚定了企业的信念，同时消解了外部的疑虑，赢得了社会的尊重和信任。

专家治理

决策是关乎企业命运的大事。复星在决策过程中，汇集了股东和方方面面专家的智慧，并引入了财务和资本市场专家、人力和行政管理专家、法务及合规专家，在投资决策中引入专业报告制度。

复星还很早就首创了税务总监的岗位，并三顾茅庐请来了国内一流的税务专家，确保在税收上做到应缴尽缴。

2007 年，随着复星在香港实现整体上市，公司建立了一整套合规、内控、人才制度，按照国际标准来管理企业。

对标管理

作为一家在中国民营经济土壤中成长起来的企业，复星注意不断从全球领先企业身上汲取营养：向巴菲特学习价值投资理念；向 GE 学习人才培养和文化建设；向李嘉诚学习全球化管理；向合作伙伴凯雷学习资产管理，向保德信学习风险控制。

此外，复星也乐于和国内优秀的企业积极交流，郭广昌还担任着上海浙江商会会长。

如今，复星已走过 20 多个年头，我虽不能料定复星的明天会是怎样，但是，规范经营、谨慎前行，如同怀着抱着小孩般地对待企业，企业的安全系数一定增加很多，相信也会走得坚实、走得更远。

16

没有战略的公司迟早会死

“没有战略的公司迟早会死。”这是京东 CEO 刘强东 2015 年 9 月在耶鲁北京中心发表主题演讲时强调的一句话。

刘强东认为战略始终是一个创业者或者一家公司成功的关键，这是第一步，没有这一步，后面的所有都是零。

战略的本义就是提前规划。

毫无疑问，战略最忌讳是看不清自己（不能自知），以及“花心”和盲从。说深一步，就是对自己审视不够、认识不足，缺乏必要的企业 SWOT（优势、劣势、机会和威胁）分析，盲目多头投资、“不务正业”、多元发展，犯“宏观盲视”、“激进主义”毛病，最终，迷失了前进的方向，无谓地耗损了发展的能量，结果是很多企业力不从心，倒在了行进的路上，无数的先驱成了悲壮的先烈。

因此，企业必须以其战略规划来指引企业经营的方向。而要提高企业的战略规划能力，前提要学会把握商业及其竞争规律。

由于战略有其长远指导意义，因此，企业的战略规划需要确立一些“钢性”的原则，要立足企业的实际，明确自己的“变”与“不变”，以及“为”和“不为”。

进一步说，企业要有一种“边界思维”。

边界思维的核心是决定企业做什么，不做什么；或者说有能力做什么和不能做什么，以把握住企业发展的进与退、上与下、攻与守。

任何人、任何企业在其生命长河里只能有所为、有所不为。

再形象一点说，企业在行进中要安装一个“GPS”，要有一张企业发展地图，要有自己的“全球定位系统”，要始终明确自己的坐标，时时清楚自己目前所处的位势（在什么商业环境，处于行业中什么地位，竞争对手在哪，与对手的距离多远）。

企业必须保持清醒，要认清自己。要经常问保安问的三个问题：

1. 你是谁？

2. 你从哪里来？

3. 要到哪里去？

不要盲目崇拜；不要简单模仿；不要三心二意；不要迷失自我。要弄清前方有何障碍，目标多远，要厘清自己发展横向的边界在哪？纵向的深度有多少？要找到企业实现目标的最佳路径。行进之中保持“红灯”停、“黄灯”等、“绿灯”行，该提速时要提速，该减速时就减速，以求安全快速地到达企业的目的地。

华为无疑是中国最杰出的企业之一，任正非最近在内部的讲话中指出：

■ 在大机会时代，我们要有战略耐心。

■ 一定要坚持自己的战略，坚持自己的价值观，坚持自己明晰的道路与方法，稳步地前进。

■ 担心你们去追求规模，把苹果、三星、小米作为目标，然后就不知道自己是谁了。

《华为基本法》中早就明确：

我们坚持“压强原则”，在成功关键因素和选定的战略生长点上，以超过主要竞争对手的强度配置资源，要么不做，要做，就极大地集中人力、物力和财力，实现重点突破。

华为 2014 新年贺词中有一段话：

——我们是一个能力有限的公司，只能在有限的宽度赶超美国公司。不收窄作用面，压强就不会大，就不可以有所突破。

我们只允许员工在主航道上发挥主观能动性与创造性，不能盲目创新，发散了公司的投资与力量。非主航道的业务，还是要认真向成功的公司学习，坚持稳定可靠运行，保持合理有效、尽可能简单的管理体系。要防止盲目创新，四面八方都喊响创新，就是我们的葬歌。

华为的成功告诉我们什么？

清晰的战略边界，易于人们更好地聚集于战略、专注于关键业务。边界不仅是为了安全，而是一种优势的固化。

再看浙江方太：致力于做“中国高端厨电专家和领导者”。

他们给自己确定了“三不”原则：不上市、不打价格战、不并购贴牌。坚持宁可盈利不做大、不要做大不盈利。

为了在核心产品上求突破，保领先，方太给产品定位：专、精、强。

方太对战略的理解是：舍得、独特、容易。

战略的本身，其实就是一种选择，选择就意味着舍取，方太坚守并聚焦战略，在自己最擅长的领域，只打容易的仗。

为此，2006年，茅忠群砍掉了已盈利的饮水机和电磁炉项目，他甚至还坚决地拒绝了近亿元销售额的海外OEM订单业务。

有人形容说，过去做企业可以"平地打滚"（到处铺摊子），空间大、机会多，现在做企业是要向上"翻跟头"要登高山、爬险坡。从这种角度讲，企业走专业化之路，专注于一个领域其成功的概率显然会大得多。

其实，著名战略专家迈克尔·波特早就将"专一化"与"低成本"、"差别化"一并视作企业的三大竞争战略。

波特指出：专一化战略依靠的前提思想是：公司业务的专一化能够以更高的效率、更好的效果为某一狭窄的战略对象服务，从而超过在较广阔范围内竞争的对手们。这样做的结果，是公司或者通过满足特殊对象的需要而实现了差别化，或者在为这一对象服务时实现了低成本，或者二者兼得。这样的公司可以使其赢利的潜力超过产业的普遍水平，这些优势保护公司抵御各种竞争力量的威胁。

当然，这样说，并非企业不能多元化发展。2012年4月的中国海南博鳌亚洲论坛上，杉杉控股控股董事局主席郑永刚说道：经营必须专业化谁都知道，如果不懂专业的人去经营某一个专业的产业，一定会输。但是作为投资人、投资机构来讲，如果只做专业化，这个肯定是错的。我还有一个观点，民营企业还没有一个真正的准入门槛，所以我们也只能做多元化。为什么？比如说我要是工商银行的话，我肯定多元化，我就单一的专业化。大行业你都进不去，你怎么做？

此话不无道理，事实上，无论国际还是国内都有不少多元化经营的非常优秀的企业。

例如，美国嘉吉集团就是一个非常多元化的公司，横跨农业、金融、能源等多个部门，由70多个不同而又相互联系的业务部门组成。

嘉吉的多元化战略有两个关键：一是紧贴既有的核心业务来发展；二是进入一个新领域时，首先要确定公司具有成功运营这项业务的能力。

亦即企业走多元化之路关键是对进入的领域要有深刻的洞察，企业的资源和组织能力要能支撑企业在此领域的竞争和发展，特别是人才及其管理能使企业形成相应的核心竞争力。

当年，联想放弃网络等一些项目，其主要理由就是各行各业都进入了依赖高端人才的竞争阶段，因为每一行都有很强大的竞争企业，没有最优秀的人才无法战胜对手，但，一个企业很难在多行业都拥有第一流的人才，包括能理的人才。

因此，企业最基本的战略思想就是要确立自己优势领域，要明确和强化自己的核心产业，唯有在稳固主业的基础上，有条件慎重地开展相关多元化发展。

例如，茅台集团的"十二五战略"写道：

一品为主，系列开发，确保做好酒内文章；

做精主业，上下延伸，理性拓展酒外天地。

其实无论是专业化还是多元化，差异化的思想都要贯穿其中。差异化就是要力争与众不同，差异化就是要有个性、要有特色，要有自己所长。

事实证明：公司的差异化越鲜明，优势就越大。

某著名机构多年来研究了一些绩效卓著的公司，发现超过80%的公司都具备明确易懂的差异性，并将它作为公司战略的核心。如，耐克的差异化在于品牌实力、公司与顶尖运动员的关系，以及注重性能的卓越产品设计。新加坡航空的差异化来自以合理价格提供高端长途商旅服务的独特方式。

另外，正如方太理解的一样，战略的本身，其实就是一种选择，选择就意味着取舍。

懂得放弃、学会放弃，在复杂多险的商业环境中就是智慧。

曾任宝洁公司董事长、CEO和迪斯尼公司董事长的约翰·白波说：

在我的职业生涯中，有三条重要的经验，相信它也可以帮助你在面临重大际遇时有效地管理风险：

1. 明确成功和失败的分水岭。确定一个标准，帮助自己判断是否走在成功的路上，是否需要改变方向，或者是否应该把项目全部停下来。

2. 做好停止一切行动的准备。

3. 以史为鉴，避免在前人失败的地方再跌倒一次并付出惨重的代价。

总之，企业边界思维的价值是运用负面思考的力量来创造自由。

企业请记住弗洛斯特法则：在筑墙之前应该知道把什么圈出去，把什么圈进来。

战略安全如同人体的大脑，一旦“脑死亡”，企业几乎就已死亡。

关于战略，我们还要强调三点：

一是由于当今商业变化加快的特性，企业的战略需要有“速度”的考量。 也就是说，企业战略所赋予的企业行为要有对外部变化的快速响应能力。就如海尔的张瑞敏所言：“互联网时代对企业的挑战是速度，要以更快的速度满足用户的需要。”最近我看了两个案例：柯达、摩托罗托的失败，主因就是反应迟缓。

另一方面，商业环境瞬息万变，调控朝令夕改，行业起伏不定。

如果说在一个高度不确定的风险社会，企业谋求快钱是基于工具理性的必然之选，那么快速进入或者退出行业也是一种顺理成章的策略，也是分散风险的自然考虑。

二是由于商业环境的日趋复杂化，企业的战略要尽可能表述“简单化”。

“简单化”有利于信息指令的传导，易使组织成员看清目标，能提升组织的效力。

三是由于世界经济的不确定性，企业战略要有一定的“灵活性”（弹性）。需要运用动态管理的思想。

俗话说：计划赶不上变化。微软的比尔盖茨说得好：世界上唯一不变的是“变”。现阶段及往后看，企业要制订一个能管5年、十年的战略规划已不太现实。企业特别是大量的中小企业更多地是要做战略导向下的“机会主义者”要专注眼前，专注于看得见的目标（很多是移动目标），捕获阶段战果，随时撤退。而不是执迷于一个“看上去很美”的大战略。太执着一个长远的目标，会使企业变得僵化、保守，过于保守并不是生存法则。

必须承认，很多成功是难以设计的，很多企业做到今天并不是它一开始就是制定好了到达今天的“战略”，甚至有很多伟大的公司如果坚持他们最初的战略（商业模式），可能就没有今天的伟大了。

更有甚者说：所有的成功，到最后都是意外造成的。而在中国，成功的企业，往往胆识多于脑力。有人甚至热嘲：严谨的战略能让你不犯错误吗？上帝很公道，每个人每个企业都有犯错误的配额。

理性地看待战略是应该的，而对待战略的消极态度则是极不可取的。

战略自有战略的道理，我非常同意我曾服务过的一家企业确立的战略思想：就是坚持“一寸宽一公里深”的经营理念，先做正、后做强、再做大。在“做正、做强、做大”的发展基础上“做实、做优、做久”，以保基业长青。

17

优秀，企业能活下去的理由

市场上企业千千万，凭什么你能活下去？

事实告诉我们：企业创业“优”者生，企业发展“优”者升，产品品牌“优”者胜，市场竞争“优”者剩。

何为“优”，没有统一的标准，但一定有比较一致的看法。

我的研究是：

一个优秀企业的前提条件是有一个优秀的企业家

当然，企业家是老板，但，老板不一定是企业家；企业家是商人，但商人未必能成企业家。

企业家的优秀体现在他的创业、创新、创优精神；体现在他的勇于冒险、敢于担当的人格力量和境界。

大凡优秀的企业必有一个优秀的企业家。

华为——任正非；联想——柳传志；海尔——张瑞敏；万科——王石；……

在中国没有企业家的高度，就不会有企业的高度，没有企业家的影响力，难有企业的影响力。

一个优秀企业一定有自身优秀的企业文化

大哲学家尼采曾说：“当婴儿第一次站起来的时候，你会发现使他站起来的不是他的肢体，而是他的头脑。”

对一个企业来说，良好的企业“文化”正是让其屹立的“头脑”。

诚如《远大宣言》所言：世界上任何一个仅仅由组织体系组成的企业，它的生命力都是有限的，都会因为市场因素、社会因素、政治因素或者是企业内部因素而终结。要想使企业拥有无限的生命力，我们必须在组织体系之上，建立另一个体系。这，就是文化体系。

拥有良好企业文化的企业，其显形的特征是：遵序、诚信、守责、争先、健康、向上。

可以说，人类的一切杰出成就都源于文化。

企业的强大源于企业文化的力量！

一个优秀企业一定致力成就一个优秀品牌

企业之所以优秀，是因为“出众”。

企业创建品牌，就是创造“与众不同”。

品牌现已成为了企业与竞争对手的“质”的区别所在。

美国企业形象管理大师劳伦斯·D·阿克曼(《形象决定命运》一书作者)指出：企业品牌、形象是一个企业和其它企业区别开的独特价值，这个价值不是对其他知名企业的模仿，不是对企业某一方面特色的强调，它是完整而丰满的，它决定企业会走到哪里，也决定企业走多远。

客观说，国家之强在于企业之强，企业之强在于品牌之强，企业惟有品牌之大，才有市场之大。

一个优秀企业一定认真履行其社会责任

福特公司说的好：一个优秀的企业是为消费者提供良好的产品和服务，一个真正伟大的企业还要随时想着怎样让我们所生存的社会能够变得更好一点。

企业作为社会的细胞，作为文明的主要构建者，其职责不只是追求利润。就如摩托罗拉当年进入中国所言：摩托罗拉就像一条鱼，中国就像是一个汪洋大海，除了让自己这条鱼如何壮大，更重要的是让这个汪洋之水充满更多的氧气，更多的养分，使得除了摩托罗拉之外，大家都可以在这里面共同滋润，共同成长。

另外，优秀企业还具有如下的共性：

- 人的价值高于物的价值；
- 共同价值高于个人价值；
- 社会价值高于利润价值；
- 用户价值高于生产价值。

当然,优秀是相对的,它和品牌一样,是公众、消费者对企业经营思想、经营行为、经营成果长期积累的认知和情感两个维度的社会记忆的集合。

它既是一个存量,又是一个流量;既是一个定量,又是一个变量。

毫无疑问,优秀就是一种优势,你不优秀只能给优秀者让路!

18

极致，长寿企业的“生活”态度

我们说，人要长寿生活态度和方式很重要，企业也一样。

为什么德国长寿企业也多，为什么“德国制造”享誉天下？

为何德国大到汽车，中到家电、小到螺丝刀，大家都喜欢？

研究德国制造可以有不同视角：历史、民族、科技等等。

但，德国制造的口碑是建立在一个非常有意思而且关键的观点上：“不要太相信人。”即对人的一种文化假设。

德国人有一个根深蒂固的观念：是人都会犯错，都会有误差，特别是在生产环节，这些人引入的负面影响经过流水线的每个环节逐级放大，必然会最终影响产品的品质。

因此整个产品的生产工程中，人的因素越多，最终产品出问题的可能性越大。所以德国人提高品质的思路非常直接，就是在生产环节要动用一切可能的手段把人的天然影响降低到最小，把每件事情都分解成机器(或者人像机器一样动作)能简单执行的。换句话说,就是提高生产的自动化水平(流程化、可测量、自动化、职业化、工具化),只要机器能做的,在成本合理的范围内,就不让人去做。

这样说,不是完全不信人,而是一种极致的工业思想,一种基本的信念:要想品质完美必须消灭一切瑕疵,包括出现瑕疵的可能。

今天的市场上产品如此之多,竞争十分激烈,不能做到极到,就很难获得成功。

苹果 ipod 一面世，为何惊艳四座

请听听创始人乔布斯如是说:不要小看 ipod 上的一颗按钮,它和别人不一样的是我们做了 21 个方案、84000 次测试、57 次改善,用户的满足源于不必要的坚持。

读到这句话,我被其中的"不必要"三字深深打动。

对于绝大多数企业来说:"不必要"就是不必要;而乔布斯将"不必要"当成了"必要",深刻地诠释了"质量是商业宗教"。所以,苹果成功了。

将"不必要"当成"必要",这就是极致态度。

如今学习苹果的小米雷军已将"极致"连同"专注"、"口碑"、"快"构成了互联网思维的七字要诀。

日本经营大师稻盛和夫在其《心法之贰:燃烧的斗魂》书中写道:

日本自古以来就有精湛的"器物制作"的传统,其精致精细、美轮美奂的程度,往往让人误认为是艺术品。

例如日本刀,利用高超的锻造技术打出的刀身强韧无比,十分漂

亮，这且不说，就连在刀柄上精雕细刻的镶嵌，在刀鞘上施以漆艺技法之一的描金画等，也让见者叹为观止。除此之外，日本人手制的陶艺、漆艺、竹艺、染织、金属工艺品，无论哪个领域，都达到了令世界惊讶的水准，让别的国家羡慕不已。

再例如，日本家庭中的佛坛，不仅木工技术精良，而且漆工技术、烫金技术，还有描金技术，集各种各样的工艺技术之精粹，让外国人为它的技术而惊叹、为它的华丽而倾倒，同时，为这样的艺术品居然在一般家庭里日常使用而感慨。另外，虽是木结构的活动玩偶，却有精巧合理的机械结构，这在近代工业勃兴之前已经出现。神社祭礼用的“活动彩车”，室内供玩赏用的“搬茶玩偶”等现代机器人的原型，在 200 多年以前已经完成，这在全世界都十分罕见。

这种活动玩偶中，包含实现精巧活动结构的机械设计技术和机械加工技术，包含玩偶造型所需要的雕刻技术、板木拼接技术、衣装美术等，融合了各色各样的技术。

为什么日本人能积累起如此高超的制造器物的技术

在这些物品中，充分地反映出了日本人虔敬的、高度的精神性。比如，在传统工艺的世界里，工匠们在工作之前先要洗净身体，有时要像刀匠一样，用白衣束身。因为在他们的意识里，器物制造是一种神圣的行为，因此在制造器物时，需要先清洗自己的身体、净化自己的灵魂。而且通过这样的仪式，把自己的灵魂注入到要制造的器物中去。

在这种行为的根底处，不是西方式的将物质和精神分开考虑的二元论的思想，而是将物、心合一的“物心一如”这一日本固有的世界观。

日本人不是把物质和精神分别定位,在制造器物时单纯追求合理性和效率性,而是认为物质和精神是密不可分的存在,在制造器物时重视"心灵的状态",必须全身心投入角色,用一句话讲,心就是制造出的器物本身,或者说是制造器物的道具本身。

例如,制造日本刀,对锻造好后的钢刀淬火这一道工序,就需要高度的集中力,结果就是把自己融入钢刀成为一体,即到达所谓"物心一如"的境地。否则,工序不能算完成。这一切都来源于日本人虔敬的、高度的精神性。

这种在传统工艺领域内培育的器物制造的虔敬态度,在现代化的制造业中得到了传承。

直到现在,在日本制造业的几乎所有现场,一天的工作都是从晨会(朝礼)开始的。这也可以解释为:在生产产品之前,先要把生产者的心绪整理好。

我自己过去在生产现场指挥工作时,经常会问部下:"你听到机械的哭泣声了吗?"就是说,把制造设备拟人化,要听到他的哭声,劳动者与劳动对象结成一体,如果工作能如此全身心投入的话,就能生产出"会划破手的"、高品质的产品。

要能听到"机械哭泣的声音",才能做出"划破手的产品"

曾有过这样一件事:当时京瓷还未走出中小企业的阶段,而我们的精密陶瓷技术获得认可,闻名天下的 IBM 给了我们大批订单,订购的产品是用在 IBM 下期战略商品心脏部位的陶瓷基板。但是,该产品对规格的要求非常严格,我们怎么做也达不到它所要求的尺寸精度。我住进了位于滋贺的工厂，现场指挥如何解决批量生产的方法问题。

某天深夜，我在巡视现场时，见到一位年轻员工意志消沉，因为在精密陶瓷的烧制工序中，他想了各种办法，但燃烧炉内的温度仍然不稳定，烧制后的产品的尺寸出现微妙的差异。我当时这么问他：“你向神祈祷了吗？请让我烧制成功吧！你这样向神祈祷过吗？”我的意思是：你有没有反复努力、反复钻研，全神贯注到最后的最后，以至除了向神祈求之外，已经别无他法了。

这位员工点头说：“我明白了。让我从头开始，再次努力试一试吧！”

他再次投入工作，不久就解决了这个难题。

必须将心投入、把魂注入，让自己的心魂进入机械和产品，以致能听到“机械的哭泣声”“产品的哭泣声”。让自己与机械和产品浑然成为一体，不断努力、反复钻研，达至极限。这时候才能向“造物之神”祈求：“让我成功吧！”才能培育出了不起的、卓越的产品。

正是这种日本人的虔敬的、高度的精神性才促使这位年轻员工超越了壁障。

另外，京瓷也通过这项工作，进一步提升了精密陶瓷的技术水平。与此同时，因为给 IBM 供货的实绩受到高度评价，此后国内外厂家的订单接踵而来，京瓷也借此一口气从中小企业跃上了中坚企业的台阶。

要“倾听机械的声音”、要“倾听产品的声音”、要“向神祈求”，这样的教诲，这种对待工作的真挚的态度，作为京瓷产品制造的原点，现在仍在现场传承。

还有一种说法："要做出会划破手的产品!"这也成了京瓷制造现场的铁则。这源于下面一件事。对于支撑现代电子工业的IC(集成电路板),需要保护它与电路板连接的端口,这就要提到具备这种功能的IC封装开发时的故事。

我指示IC封装开发的负责人"要做出会划破手的产品"。他与部下历尽艰苦,经过几个月的反复试验,做出了一个样品。但我只看了一眼,就冷冷地说了一句"不行",退还给他。

"为什么不行！这个样品的性能完全满足客户的要求。"他很不服气地顶撞我。但是,这与我事先在头脑里描绘的产品比较,就逊色了,有明显的差异。

想到这几个月的辛劳,他对我的否定态度感到不满和气愤,不用说我也完全理解,尽管如此,我还是再次强调:"要做出会划破手的产品!"我命令他们重做。"要做出会划破手的产品",这句话的意思是:理想的、没有任何瑕疵的、无可挑剔的产品,让人不忍心用手摸一摸而玷污它。如果冒犯它,"手就会被划破"。

我小时候,父母经常用"会划破手"这个形容词。当一个非常理想的完成品呈现在眼前时,人们欣赏它,出于对它的敬畏之心,犹豫着不敢用手去碰它,此时我父母就用"会划破手"这个词来表达。

在现代的产品开发中,满足客户在规格、性能方面的要求当然是必要的,但仅仅如此还不够。包括外观和色泽在内,必须达到一种理想的水准,就是你在事先反复思索、模拟演练时所"看见"的那种完美的状态。否则,即使在数据上达到了客户要求的标准,也不是好产品。这种低水准的产品无法得到市场的普遍认可。

后来,他们经过反反复复的试验,终于成功地做出了非常理想的产品，做出了“会划破手的产品”。而且，由于这一产品的开发成功，京瓷的 IC 封装此后席卷了全世界的半导体市场。同时，这一产品伴随半导体的迅猛发展，也成了京瓷成长发展的原动力。

在陶瓷 IC 封装领域内，京瓷一直到现在都遥遥领先，具备压倒性的市场占有率，让其他的追随者望尘莫及。我认为，原因就在于开发当初采取了严厉的态度，要求完美无缺，不允许妥协。

“要求完美无缺，不允许妥协”，这种企业你没理由不喜欢，它也没理由不活下去。

19

缺道德　无诚信　活不长

19 世纪博物学家亨利·梭罗曾指出:“人们可以理直气壮地说企业是没有良知的,但是当有良知的人们组成了一家企业,它就成了有良知的一个企业。”

所谓良知,就是企业要讲道德,企业经营要有基本的道德规范。

哲学家康德曾把道德规范定义为“一门不是用来指导我们如何获得幸福,而是如何使我们配得上幸福的科学”。

同理,企业遵循道德规范并不保证企业一定成功,但,不遵循道德规范的企业必定无资格获得成功。社会不保证讲道德的企业一定赚钱,但不讲道德的企业一定遭殃。

我们悉数很多倒下去的企业:德隆、秦池、三鹿,以及那么多圈钱跑路的 P2P……,几乎都是忘却道德、不讲责任、不守信誉、失去公信的后果。

事实上，企业如人，人品与成功相关联，卑鄙的人不会成功。企业道德的强弱一定与企业的危机多少大小成正比。

诚如意大利霞飞诺（SAFILO）苏州公司在其《商业行为规范》所言：道德是企业良性运营、保证信誉的基石。

事实上，道德不仅是企业的一种安全的保护，更是一种竞争的力量。

可以想像，人们会愿意与道德好的企业打交道、做生意，不讲道德的企业将在社会上受到越来越多的批评，其产品也将会受到越来越多的抵制。

特别是现在世界进入了互联网时代，任何企业的不良之举都无法逃脱公众的法眼。

日本人曾在4000家老企业中展开调查，让企业用一个字揭示其“长寿秘诀”，选择最多的是“信”字，第二位是“诚”字，第三是重视人才。

所谓诚信，很基本的一条就是要有产品之德。同仁堂的司训写道：“品味虽贵必不敢减物力，炮制虽繁必不敢省人工”，“修合无人见，存心有人知”，即做产品要真材实料，要对良心负责。

有了产品之德，才有产品之质。又如Faber－Castell是德国一家知名的铅笔生产商，为了确保他们生产的铅笔质量稳定，他们在巴西建有非常大的种植园，因为市场购买的木头的质量不能够保持一贯的品质，所以他们就决定自己种木头。

可见，真正专注于极致的产品，才能从根本上长久地征服市场，取信客户。就像明代山西著名商人王文显所说：“善商者，处财货之场，而修高明之心，是故虽利而不污。”作为企业初心与愿景的载体，产品与服务是企业最根本的基石，也是最需要厚德来蓄养的珍宝。这一点，无论是多强的“互联网思维”的冲击，还是多新的“管理理念”、“管理模式”的轮番上阵，都是无法取代的。

诚信者还有一个特性，不求捷径。海底捞当家人张勇坚决不用好赌的人，他说好赌的人都是喜欢走捷径的人，不可能对餐馆这种又苦又累的工作全情投入。

苏州德胜公司的价值观里有一条，就是“不走捷径”。走捷径可以造成短期的低成本，但却造成了长期的低效率。因为走捷径的人难以掌握正确的方法和形成良好的习惯的。

企业讲道德、讲诚信，归根结蒂一句话，就是要“守正”：

- 守住底线，恪守正道
- 法理在先，是非分明
- 尊重常识，服从规律
- 敬畏市场，维护公义

总之，优秀的企业必须要求员工对合适的道德标准要做出承诺，同时要与商业合作伙伴形成“不作恶、只扬善”的文化默契，要通过自发、自愿的社会价值追求，来摒弃商业活动的负外在性，如此企业才会走得更远，活得更长。

20

声誉是企业的命门

企业的生死谁来定?

是市场,是顾客。

记得管理大师德鲁克曾坚定地说,企业的目的只有一个适当的定义:创造顾客。

没有了顾客,企业也就没有存在的基础和意义。生也如死。

在全球化、市场化和充分竞争的大背景下,不是企业选顾客,而是顾客选企业。

那顾客依据什么来选择企业?

最重要的一点,就是声誉。就是社会给企业的整体评判(通常称"口碑")。

具体而言:

■ 企业声誉是企业内外部人员、利益相关者对企业的一个评价（看法、印象）术语；

■ 是对企业进行对比、判断的一个指标；

■ 是人们表示信任、尊敬、赞赏或相反评价的理由；

综合而言：企业声誉就是企业的外部公众、利益相关者对其形成的社会认知，是评价和情感两个维度的社会记忆的集合。

换个角度：良好的声誉是企业所拥有的独特资源，它能在企业经营的各个方面提升企业的竞争力。

例如：

■ 好声誉能正面影响人们对企业的认知，起到先入为主的作用；

■ 能吸引客户，影响消费者的消费选择；有利于企业产品的销售；

■ 能吸引商业合作人进行合作；

■ 能吸引人才加盟企业；

■ 能吸引投资人；

■ 能获得政府的支持；

■ 能赢得媒体的关注和正面报道；

■ 有利于开展新的业务；

■ 能削减竞争者的竞争力；

■ 有较好的危机防御效能

■ ……

总之，益处多多。

伟宣公关公司曾做过调查：公司价值的63%与声誉有关。

也有数据显示：上市公司其利润的20%－30%来自公司的声誉。

因此，声誉是一个预测企业未来能否成功的很好指标，是企业的无价之宝，是企业独有的排它的无形资产。

大凡成功的企业和企业家都十分珍惜声誉，深知声誉远比企业眼前的利润重要，它不仅实质上对眼前的利润有贡献，而且一定程度上决定着公司未来的利润，当然，不只是利润，而是公司的命运。

想想看，为什么 2001 年 9 月具有百年历史的南京老字号冠生园被曝"陈馅月饼"事件之后，很快就倒闭了？

为什么 2008 年 9 月三鹿集团爆发了"三鹿奶粉三聚氰氨事件"之后，很快就倒闭了？

因为声誉毁了。

也就是：声誉死，企业亡。

因此，创建和保护企业声誉已成为现代企业管理重中之重，也是企业守护生命的重要举措。

如何创建企业声誉

一要遵纪守法。

企业无论从事什么经营项目，必须要遵纪守法，遵守国家法律，遵守商业规则。一切行为要合规。这是前提。

二要坚守诚信。

诚信是商业世界的护照，没有诚信，就难以在商界立足通行，就没有好声誉。

三要敬畏市场。

企业要给市场提供好的产品和服务，要善待客户和每位消费者。包括尊重竞争对手。

四要关爱员工。

企业要以人为本，尊重和关心员工，让员工和企业共成长。企业不受员工热爱，不可能得到社会好评。

五要关心社会。

企业不能只埋头挣钱，要做一个好的企业公民，就要有公益之心，保护环境，多多善举。

六要创造效益。

企业没有好效益，就没有人欣赏，就没有声誉资本，当然就不会有好声誉，也不会得到尊重。同时，企业要有良好的财务表现，给投资者有满意的回报。

另外，企业声誉创建应把握“六性”：

■ 独特性。企业强大的声誉源于企业在各类利益相关者心中占有一个独特的、难以取代的位置。

■ 集中性。企业致力于关注一个核心主题，对企业声誉的提升具有重要的作用。

■ 一致性。企业在针对各种利益相关者的行动和交流中协调一致，各部门不能各自为政，向公众传达不一致的信息，使他们无所适从，损害企业的可信度。

■ 真实性。企业向外传递的信息必须与企业的实际相符合。企业声誉形成是长期的过程，任何想通过短期形象操纵来提升企业声誉的做法都是不现实的。一旦社会公众发现企业名不符实，其声誉就会受到严重破坏，甚至失去弥补的机会。

■ 透明性。企业在处理事务过程中保持一定的透明度，让公众从更多的层面了解企业，有利于提升企业的声誉。

■ 持续性。声誉的积累需要时间，创建声誉必须持之以恒。

用心保护企业声誉

声誉是一个变量，而声誉又像一个易碎的花瓶。

任何企业无法在取得好的声誉后可抱头大睡，可将其固化为一个恒定的资产，可一劳永逸地坐享其成。

企业辛辛苦苦长年累月建立的一个好声誉，可以瞬间毁于一个“声誉事件”，声誉会从企业的正资产一下子变成负资产。

企业一旦发生声誉事件，会使公众的认知心理开始转变，原有的好形象变得模糊或破损，甚至一个糟糕的形象开始进入公众的头脑。

严重的是，利益相关者和公众会因此改变态度并采取行动，进而有可能产生对抗性举措，有可能给企业造成致命的打击。

因此，企业必须全力保护企业声誉，要认真并善于管理各种“声誉事件”，及时挽救、修复受损的企业声誉。

近几年我们看到华润收购蒙牛后，为挽救受损的蒙牛声誉，采取了一系列的积极举措。

不仅人事变更、战略结盟、资源重组、专家加入、技术改进、牧场扩建，而且产品理念和视觉形象都作了调整，“只为点滴幸福！”

如德国西门子一度爆出行贿丑闻后，新任 CEO 表示将要拿出几个亿来修复声誉。

最近德国大众爆发的“尾气门”事件，不仅险让大众“报废”，而且重创了“德国制造”这块金字招牌，其恢复的声誉代价极大。

统计发现：修复声誉的代价往往是创建声誉的 6 倍之多。

有报道称：饮品集团 Diageo 每月都会编写董事会报告，其中包括一份针对当前所有声誉风险的评估。

以下建议，有助于企业评判和管理声誉：

- 及时现状诊断，以评定声誉等级；
- 不断跟踪研究，以监测企业声誉以及利益相关者期望的变化；
- 识别公众的优先级及跨地区影响，以确认影响声誉的资源配置；
- 开展比较分析，以发现相对于竞争对手和行业外的参照企业的优势和弱点；
- 区别增强声誉的信息，以提高传播活动的效率；
- 对影响企业经营和声誉的事件进行管理，预见挑战并确定处理这些挑战的最好途径。

声誉，是企业生命的守护神，也是企业的再生之源。

21

企业生命的永动力：创新

国家主席习近平在2014年APEC工商领导人峰会开幕式主旨演讲中说：在新一轮全球增长面前，唯改革者进，唯创新者强，唯改革创新者胜。

国务院总理李克强在2014年夏季达沃斯论坛开幕式上说：只要大力破除对个体和企业创新的种种束缚，形成“万众创新”、“人人创新”的新局面，中国发展就能再上新水平。

无疑，国家的经济发展主要靠企业，而企业需要靠企业家精神来驱动的。

什么是企业家精神？

公认的有两点：冒险精神、创新精神。

创新概念最早是由著名经济学家熊彼特提出来的。他认为企业家是从事“创造性破坏（creative destruction）”的创新者，创新是“企业家对生产要素的新组合”，也就是“建立一种新的生产函数”。创新的过程实际上也就是企业不断出奇制胜和发展的过程，创新就是敢于冒险，就是以别人未想到的新思路、新点子、新策略、新方法谋求企业的发展。

创新也就是企业在发展中不断对旧的扬弃，就是以非常规的方式配置企业的有效资源，推动企业的运行，从而获得巨大的成功。

另外，柳传志说：“如今做企业，你打个盹，别人就超过去了 。”

马蔚华说：“这个世界想不到的事情天天发生，在你认为稳居前列的时候，说不定哪天早上你醒来，发现别人已经超过你了。”

任正非说：“一天不进步，就可能出局；三天不学习，就赶不上业界巨头。我们稍有迟缓，就失之千里。”

《世界是平的》一书指出：在这个日益扁平的世界里上，企业得到的优势和失去优势之间的时间差越来越短。

《竞争优势的终结》一书指出：对企业来讲其实已经没有所谓竞争优势或者持续的竞争优势。所有的竞争优势都是过渡性的。

因此说创新是企业的本质要求和使命，创新是企业持续发展的根本，是企业生命的永动力。

但，必须指出：任何创新都需付出代价，尤其是：包括失败。

之所以很多企业没有创新或不敢创新，就是因为创新具有较大的风险，有点“我拿生命赌明天”的意味。

因此，创新对企业而言，就是挑战，就可能是生死之战。

但是，既要创新，就要勇敢地面对失败，从而战胜失败。

记得早年石油大亨洛克菲勒在给儿子的一封信中写道：

亲爱的约翰：

你近来的情绪过于低落，这种表现让我感到非常难过。我能真切地感受到，你还在为那笔让你赔进一百万美元的投资而感到耻辱和羞愧。因此终日闷闷不乐、忧心忡忡。

其实，这大可不必，一次失败并不能说明什么，失败更不会在你的脑门上贴上无能者的标签。

乐观起来，我的儿子。

你需要知道，在这个世界上，任何人的一生都不可能自始至终地保持顺利；相反，却要时刻与失败比邻而居。也许正因为这个世界上有太多太多无奈的失败，追求卓越才变得魅力十足。人们对成功竞相追逐，甚至不惜以生命为代价。但即便如此，失败还是无可避免的。

我们的命运也是如此，只是与有些人不同，我把失败当作一杯烈酒，咽下去的是苦涩，吐出来的却是精神。在我雄心勃勃进入商界，跪下来诚心祈求上帝保佑我们的新公司一路顺风之时，一场灾难性的风暴袭击了我们。当时我们签订了一笔合同。要购进一大批豆子，本来可以从中大赚一把，但没有想到一场突然“来访”的霜冻击碎了我们的美梦，到手的豆子毁了一半，而且有失德性的供货商还在里面掺加了沙土和细小的豆叶、豆秸。这注定是一笔要做砸了的生意。但我知道，我不能沮丧，更不能沉浸在失败的痛苦当中，否则，我就会离我的目标越来越远。

天下没有白吃的午餐，更不可能一直维持现状，如果静止不动，就是退步，但要前进，必须乐于作决定和冒险。那笔生意失败之后，我再次向我的父亲借债，尽管我很不情愿这么做。而且，为使自己在经营上胜人一筹，我告诉我的合伙人克拉克先生，我们必须宣传自己，通过报纸广告让我们的潜在客户知道，我们能够提供大笔的预付款，并能提前供应大量的农产品。

结果让人非常满意，胆识加勤奋拯救了我们，那一年我们非但没有受“豆子事件”影响，反而赚到了一笔可观的纯利。

人人都厌恶失败，然而，一旦未把失败变成你做事的动机，你就走上了怠惰无力之路。这非常可怕，甚至是种灾难。因为这预示着你可能会丧失原本可能有的机会。

儿子，机会是稀少的东西，人们因机会而发迹、富有，看看那些穷人你就知道，他们不是无能的蠢材，他们也不是不努力，他们是苦于没有机会。你需要知道，我们生活在弱肉强食的丛林之中，在这里你不是吃人就是被人吃掉，逃避风险几乎就是放弃成功；而如果你利用了机会，那别人的机会就相应减少了，这样能更好地保全自己。

害怕失败就不敢冒险，不敢冒险就会错失眼前的机会。所以，我的儿子，为了避免丧失机会、保住竞争的资格，我们为失败与挫折买单是值得的！失败是迈向更高地位的开始，我可以说，我今天的地位，是踏着失败的螺旋阶梯升上来的，是在失败中崛起的。

我是一个聪明的“失败者”，我知道向失败学习，从失败的经验中汲取成功的因素，用自己不曾想到的手段，去开创新事业。所以我想说，只要不变成习惯，失败是件好事。我的座右铭是：人始终要保持活力，保持坚强，不论遭遇怎样的失败与挫折，这是我唯一能做的事情。

我非常明白，做什么事情才会让自己感到快乐，什么东西值得自己为之效命。根本的期望，就像清洁工用手中的扫把，扫尽成功路上所有的垃圾。儿子，你自己根本的期望在哪里？只要你不丢掉它，成功必将到来。乐观的人在苦难中会看到机会，悲观的人在机会中只会看到苦难。儿子,记住我深信不疑的成功公式:梦想+失败+挑战=成功。

当然,失败有它的杀伤力,它会打击人的意志力,使人变得萎靡。但最重要的是你对待失败的态度。

天才发明家托马斯·爱迪生先生,在用电灯照亮摩根先生的办公室前,共做了一万多次试验,在他那里,失败是成功的试验田。

10年前,《纽约太阳报》一位年轻记者对爱迪生进行了一次采访,那位少不更事的年轻记者问道:“爱迪生先生,您目前的发明曾经失败过一万次,您对这些有什么看法?”爱迪生对失败一词很不受用,他以长者的口吻对那位记者说:“年轻人,你的人生旅程才刚刚开始,所以我告诉你一个对你未来很有帮助的启示,我没有失败过一万次,我只是发现了一万种行不通的方法。”精神的力量永远如此巨大。

儿子,如果你宣布精神破产,你就会输掉一切。你需要知道,人的事业就如同浪潮,如果你踩到浪头,功名随之而来;而一旦错失,则终其一生都将受困于浅滩与悲哀。

失败是一种学习经历,你可让它变成墓碑,也可以让它变成垫脚石。没有挑战就没有成功,不要因为一次失败就停下脚步,战胜自己,你就是最大的胜者!

这是一封极富哲理的家信,深刻地揭示了成功的真谛。

如果要让企业立于市场不败之地,能够活下去,活得滋润,可以说,创新是你唯一的选择。

事实上,企业在其一生的历史长河中,就是不断出新,不断探求由简到繁、由繁入简的修炼。

创新正成为一个企业家和企业的主题，成为一个企业能否适应这个时代的基础能力，而非仅仅是被动的冒险旅程。

而且，对企业而言，创新的天地无比宽广，创新几乎无处不可。

创新包括技术创新、产品创新、商业模式创新，还包括制度创新和组织创新等等。

切记：

- 纪录是可以打破的；
- 规则是可以改写的；
- 模式是可以重建的；
- 组织是可以再造的；
- 技术是可以突破的；
- 传统是可以颠覆的；
- 守旧是一定失败的。

创新既有颠覆式的创新，更有大量的微创新。

另外，有人指出：未来的创新技术的革新是来自于主流之外的那些边缘的地方。边缘地带逻辑模糊，易于和其他领域产生混搭；边缘地带存量稀少，资源匮乏，具有天然的创新气氛；边缘地带潜滋暗长，不容易吸引行业大鳄的注意力；边缘地带聚集了大批的“中心逃亡者”，他们是胆大包天的创新者。

企业创新的有效推动有赖于企业营造出良好的创新文化，主要包括：

- 提升企业组织的灵敏度
- 倡导人员和文化多元性
- 建立学习型组织多培训

- 加强外部智慧资源对接
- 开展开放式的纵横合作
- 保障创新的投入和激励
- 对失败设定合理容忍度

大家知道，始创于1837年的宝洁公司，是世界最大的日用消费品公司之一。在其百年的发展史中，宝洁创造了玉兰油、海飞丝、沙宣、伊卡璐、飘柔、潘婷、舒肤佳、卡魅尔、激爽、吉列、佳洁士、护舒宝、帮宝适、金霸王、碧浪、汰渍等等深受消费者喜爱的品牌。

有报道说：在中国企业新产品上市成功的机率平均只有区区5%时，宝洁在全球范围内的新产品上市成功机率却达到了64%以上，它在中国的15个品牌的100多次新产品上市过程，这一成功机率更是高达85%—90%。

是什么原因，使得宝洁有如此上佳的表现？

宝洁前传奇CEO雷富礼一语道破天机：比女人更懂女人。

“一个简单的原则就是了解她的需求，满足她的需求。这是我在35年的生活中找到的真理，在洗衣房里也同样奏效。”雷富礼如是说。

“我们发现女性根本不关心我们的技术，对于产品从哪些设备上生产出来就更加无所谓了。她们希望我们了解她们的需求。”

而今，在美国，购买宝洁产品的消费者大约有80%是女性。因此，雷富礼会每隔一段会到商店里去，听听那些买了宝洁产品的女性顾客的看法。有一年，他还说服了一些宝洁管理人士跟在一群法国女人身后采购化妆品。

有篇关于雷富礼的文章写道：

雷富礼被视为一个英雄型的首席执行官。2000年雷富礼上任时，宝洁正面临历史上最大的危机，公司宣布无法实现预期的第三季度利润，股价在一天之内从每股 86 美元暴跌至 60 美元。

此后的 9 年，雷富礼凭借出色的管理才能，使得一度警讯频传的宝洁重新走上增长的复兴之路。在他的带领下，宝洁已成长为一家市值超过 2000 亿美元的“巨无霸”：销售收入比 2000 年翻了一番，达 835 亿美元；利润比 2000 年翻了 3 倍，达 120 亿美元；年销售额超过 10 亿美元的品牌，从 10 个增加到 23 个。

除了具体业务领域，雷富礼还在宝洁的文化上留下了不可磨灭的印记，缔造了新的“宝洁文化”。他打破了宝洁原有的封闭体系，不遗余力地提倡创新。

2001 年，雷富礼从发明家约翰·奥谢尔手中买下了“电动牙刷”。为了寻求牙贴的包装材料合作方，雷富礼推动宝洁公司与竞争品牌结成同盟——与高乐氏公司(Clorox)组建了合资公司，共同推出产品的包装材料。后来，这成为美国最畅销的食品包装材料。

雷富礼还重新定义与供应商的关系，鼓励供应商一起创新：“以前，我们好像是把合同扔出墙给他们，现在他们更像是我们实验室的延伸。”结果，“联发”这个理念彻底改变了宝洁的创新过程，出现了包括佳洁士净白牙贴等数个新产品。

在雷富礼的带领下，宝洁员工的工作重点逐渐由自主发明所有的新产品转为开发他人的发明创造，这样无论是合作伙伴、竞争对手抑或是有专利的大学、个人，都被纳入了宝洁的创新体系。

当然，仅仅有产品的创新还不足以保证企业的成功。雷富礼在宝洁推行的是“系统性创新”。据宝洁负责外部业务开发的主管杰克·里奇(Jack Rich)介绍，雷富礼希望宝洁一半的创新来自外部，而且这种创新不仅仅局限于产品技术方面的创新，还包括流程、组织结构等方方面面的创新。

“到处都有发明家，我们在车库里找到发明的可能性和在实验室里一样大。”雷富礼告诉他的同事们。

如今，宝洁在市场上的新产品有35％以上包含有外部原创成分，正在开发的产品中有45％左右含有外部发现的主要成分。2000年以来，宝洁的创新率提高了一倍，与此同时创新成本却呈下降趋势——宝洁的研发投入占销售额的比例已由2000年的4.8％下降到3.4％。

多年后的2007年，雷富礼与同是管理大师的拉姆·查兰合著了《游戏规则颠覆者》（The Game Changer）一书。“雷富礼彻底改变了宝洁的固有模式，”拉姆·查兰在书中指出，“创新，就是他手中最大的法宝。”“雷富礼自始至终将消费者导向放在第一位，将创新置于企业的中心。因此，他在商界还有一个名字——CIO（首席创新官）。”

“消费者才是老板。”这是雷富礼经常挂在嘴边的话。2001年，雷富礼设置了一个新职位：设计、创新和战略副总裁，由53岁的Claudia B. Kotchka担任。Kotchka和雷富礼都明白，如果没有来自于外部的新鲜创意，他们就不能改变宝洁的文化，他们第一次雇用在其他公司和其他行业工作过的设计人员。“除非你清楚目标消费者是谁以及她们要的是什么，否则创新就不可能取得成功。弄清她是谁，她想要的是什么，然后把她要的东西提供给她。创新就这么简单，并没有什么深藏的秘密。”这就是雷富礼坚持的观点。

事实上，技术的每一次突破和一个伟大产品的诞生，无不凝聚着创造者对人性的观察、理解和挖掘。每一个品牌的成功背后无不是源于对人性弱点的征服。

永远记住：客户需求是企业创新之本。

创新的本质就是创造价值：

一是你能否提供别人没有的东西（产品和服务）；

二是能否提供比别人更好的东西（产品和服务）；

三是你能否以更好的方式提供东西（产品和服务）。

22

变革是一种新陈代谢

当今时代，唯一确定的就是不确定性。

随着技术的发展，特别是互联网技术的革命，一个时代的大变局已全面开启，企业的生存环境和商业生态正发生深刻的变化，一切在颠覆与被颠覆之中。“想不到的事情天天发生。”

海尔集团 CEO 张瑞敏指出：IT 界的浪潮一波接着一波，过去一些幸运的公司站在技术革命的浪尖之上时，可以随着波浪顺顺当当地向前漂个十年甚至更长时间。今天不行了，当新的浪潮袭来，如果不能重新踏浪，这些公司就有可能被卷入海底。在新的商业时代，更迭迅速，保守已不是生存法则。

企业的立身之道，说到底就是要适应环境，适应变局，否则就会陷入巨大的混乱之中，付出惨重的代价。我们有太多的企业是生于机会、死于变化的。

伟大的孙中山早就说过："世界潮流浩浩荡荡，顺我者昌，逆我者亡"。

面对变化，企业唯有接受它、适应它，最好的态度是积极地拥抱它。

事实是：没有人能打败趋势。

愚蠢的企业与趋势为敌，聪明的企业会顺势而为，优秀的企业更会与趋势为伴！

企业能否做到与趋势共舞，很关键的就是能否自我革新、敢于颠覆。

2014 年 6 月 27 日举行的"首届中国创新发展论坛"上，海尔张瑞敏在演讲时生动地形容："鸡蛋从外部打破是食物，从内部打破是新生。"

一．这是一个必须自我颠覆的时代

为什么呢？因为经济发展的驱动力被颠覆了。传统时代经济发展的原动力和驱动力是规模和范围（钱德勒）。规模就是做到最大，范围就是做到最广，由此来提高门槛让竞争者很难进入。

而互联网时代，经济发展的驱动力是平台。平台就是快速配置资源的框架，在互联网上，各种资源可以无障碍沟通。现在电商就是最典型的平台，阿里可以在很短的时间做到一万亿的规模，实体店也有做到一万亿的，比如沃尔玛，但是经过了很多年的时间。电商之所以可以快速颠覆传统连锁店，就是资源在网上可以快速配置的结果。

这是一个什么样的时代？就像英国作家狄更斯在《双城记》的卷

首语说的一样，这是最好的时代，也是最坏的时代。如果跟得上它就是最好的时代，如果跟不上就是最坏的时代。

有一个比喻非常好，鸡蛋从外面打破只是人们的食物，但从内部打破就会是新的生命。对海尔来讲，需要的就是从内部打破，即自我突破、自我颠覆、自我挑战。

二. 为什么一定要自我颠覆

因为从来都是企业必须适应时代，而没有时代去适应企业的。所以海尔有一句话，没有成功的企业，只有时代的企业。如果你认为你成功了，那一定是踏准了时代的节拍，但是你不可能永远踏准时代的节拍。我们现在要踏上的节拍是互联网的节拍，踏准这个节拍很难，因为互联网把传统的很多经典管理理论都颠覆了。

传统管理理论的基础是分工理论。亚当 · 斯密在 1776 年《国富论》第一章讲的就是分工，用的是制针的例子，一个人可能一天也做不了一根针，但是分工就可以做很多。分工理论指导着小作坊向大工业转化。现在面临着大工业向互联网转化，原来的基础理论被颠覆了，同时在这个基础理论上成长起来的三位古典管理理论先驱也会被颠覆。

第一个是泰勒。泰勒的科学管理理论以动作时间研究著称，动作时间研究的结果形成今天的流水线，在流水线上，人是没有创造力的，完全变成机器的附庸。颠覆它的是互联网的零距离，用户和企业之间必须零距离，只有零距离才能满足用户的个性化需求。流水线代表着大规模制造，而互联网上用户要求大规模定制。海尔现在正在探索的让用户参与前端设计，过去企业是先制造后销售，那是为库存生产，现在必须变成先有用户后制造。这就颠覆了传统的科学管理理论。

第二个是马克斯·韦伯。他号称组织理论之父，科层制（又叫官僚制）的发明者。这种金字塔式的组织现在仍在沿用。我去美国访问通用汽车时候曾问他们有多少层级，接待的人告诉我 14 层，我跟他开玩笑，如果五年升一级，你退休之前也没有机会升到最高级。但现在它被颠覆了，颠覆它的是互联网的去中心化。所谓去中心化就是每个人都是中心，对内部而言，每个员工都是中心，因为信息不对称的关系变化了，过去领导掌握信息多，现在在互联网上，你的员工掌握的信息可能比你还多。外部每个用户都是中心，他可以把自己的消费体验瞬间变成全球直播。

员工没有领导了，用户也不以企业为中心了，整个组织就要变成扁平化。海尔的组织现在变成很多的自主创新的小团队，在海尔现在只有三类人，第一种是“平台主”，他的单是快速配置资源，第二种是“小微主”（小微即小微企业，每一个创业团队就是一个小微），第三种人是“小微成员”。员工的去留在小微，小微需要你你就留，不需要就离开。原来的金字塔压扁了，员工没有领导了，过去听上级的，现在听用户的。

第三个是法约尔。他提出的一般管理理论，强调的是企业内部职能的再平衡，但无论怎样平衡都是内部封闭起来做一件事。现在它被颠覆了，颠覆它的是互联网的分布式。著名的乔伊法则，说的是最聪明的人永远在企业外部。公司再大也不可能覆盖全世界最聪明的人。怎么找到这些人呢？在网上。比如我们的研发中心，过去非常神秘，不是谁都能进去。现在它是开放的系统，内部的人变成接口人，接入全世界最好的资源。"分布式"把封闭变开放，世界就是我的研发部，世界就是我的人力资源部。

互联网的三个特征：零距离、去中心化、分布式，分别颠覆了古典管理理论三位先驱泰勒、韦伯和法约尔的理论。

三．怎样进行自我颠覆

对企业来讲，变革到最后，最难做也最应该做的就是组织变革。组织扁平化是非常繁重的任务。前年的时候，我和 IBM 原总裁郭士纳在佛罗里达交流过，我把海尔扁平化的事讲给他，他说我在 IBM 的时候朝思暮想的一件事也是扁平化，但始终没有做，为什么？你不敢做，因为整个系统要变，涉及 20 几万人，一旦出事，整个企业荡然无存。

我们也是思考了很多年，准备了很长时间。从 2013 年开始，从起初的 8 万 6 千人减到 7 万人，今年预计还要减少 1 万人。很多人对此议论纷纷，认为太不可思议了，非常危险，也有很多反对意见。但如果认真解析来看，就会发现不但必须做，而且减少的人数一点都不多，因为这是互联网逼着你必须这么做。

一是外包。 聚焦主业，其余外包。我自己做的不如别人做的就外包。比如，电脑的制造我不如台湾代工商的，那就外包出去。

二是智能化制造。 我们有一个车间，原来 108 人，现在没有人了，只有机器人，这样也就不用开灯了，这种车间在德国叫黑灯车间。这也是必须要做的，今天不做明天可能就不存在了。现在都在学德国的工业 4.0，机器人可以和生产线对话，这并不仅仅是效率的问题，主要是满足用户的个性化需求。美国去年从中国回迁的企业有200多家，在我们这个行业里，美国通用电气把在中国制造的热泵式热水器回迁到美国路易斯维尔制造，根据他们发布的文章，他们在美国的制造成本比中国还低20%，而且售价更高了，因为更加满足当地用户需求。文章的题目更加让人触目惊心——让中国制造一边去吧。如果不转型，不是减少一些人的问题，明天你的企业可能都不存在了。要么转型，要么成为下一个“底特律”。

三是去中间层。 我刚才说了企业从金字塔变扁了，中间很多管理层都要去掉，不是说你必须要去掉，而是互联网逼着你使他感到他没有用。举个例子，过去我们全国三万多个店。这三万多个店所有的信息是一层层的上来，像行政体系一样从县到市，到省，到总部。但是现在有互联网了，我一下子连到每个店，何必要这些人呢。何必要他把上面的意图贯彻下去再把下面情况收集上来，而且这个信息还不准。

所有的颠覆减人，并不是目的。目的是什么？目的是把企业每个人变成创业者，颠覆原来的观念。原来企业的每个人就是一个执行者，企业是一个管控体系，就是管理和控制。现在企业应该是什么？现在企业应该是一个创业的平台，每一个人都可以在上面创业。我们有3个80后的小孩，自己创业，搞了一个雷神的电脑游戏笔记本，半年以前我们在这个领域默默无闻，就3个人一下子创起业来，现在成为这个行业的前几名。除了这一类以外，其他人并不是推给社会，可以创业，给你创造条件，比如管销售的，自己脱离出来成立一个创业公司，可以为海尔服务也可以为社会服务，空间更大，实际有一些做得比较好的，现在他们的收入有了大幅度的提高，创造的价值更高。这其实是非常非常重要的。

同时还有一个非常重要的观念，我们现在内部把员工分为在册和在线，在册是在企业花名册上，在线是整合全球资源。企业创造更多的创业机会，创造更多的平台，因此只要企业在发展，在增长，内部不管是否减人，整体而言对社会就是创造就业，创造价值。不能以过去封闭的观念来看待。比方我们现在全国物流有9万辆卡车，每辆车2个人（装卸工和安装工），加起来就是18万人，这18万人并不在海尔这个名册里面，但是他们接受海尔订单，接受海尔薪酬。这是给社会创造了更多的就业机会，所以我认为企业和社会都要转变观念。

我最后用一句话做结束语，就是黑格尔《小逻辑》当中的一句话，熟知并非真知。过去成功的东西可能成为一种思维定式，制约你今天向互联网转型。真知是什么？就是真理，但真知没有一个成型的东西，需要你探索，希望我们今天都能够在互联网时代成为探索真知的先驱，成为互联网的赢家。

同样，面对颠覆，柳传志在2014年末的一次小型活动上说："我颠覆不了我自己，我请别人颠覆行不行？"表明颠覆已是企业必须面对的现实。

事实上，世上成功伟大的企业，无不是因勇于"自我颠覆"和及时变革而一次次摆脱困境、求得新生。相反，惧怕变革、守旧自大的企业，结果无不悲惨（如诺基亚、柯达）。

早期的韩国三星可以说在家电业充其量是个"二流"企业，之所以近年来强势崛起，正是源于其一场"自我颠覆"式的新经营战略。

据报道：为摆脱三星二流乃至衰亡的困境，1993年6月7日，在德国法兰克福三星的新掌门人李健熙开启了新经营战略，他对全体三星管理层提出了“除了老婆孩子一切都要变”(著名的法兰克福宣言)：

- 从我开始变，自觉地变；
- 从小的开始变，现在开始变；
- 从容易的开始变，力所能及地变；
- 从领导开始变，以身作则带头去变；
- 从身边的事开始变，每天一点点地变；
- 从自我约定和自我承诺开始变，自己慢慢地变。
- 变，要变，彻底的变，向好的方向变，向成为一流的方向变……

变，是变，彻底改变了三星的命运。

著名战略大师加里·哈默尔在其所著的《The Future of Mangement》(管理未来)一书中发出警告：“在未来十年的某个时候，你的企业将遭遇以一种前所未有的方式进行变革的挑战。”他认为，几十年来的传统管理决策方式、组织设计和处理员工的关系的方法将使企业实际上难以避免步履维艰和遭遇痛苦的重组。

美国英特尔公司前 CEO 安迪·格鲁夫曾指出：“任何一家公司的历史上都至少有一个时刻，此时你必须进行巨大变革，以提高未来的绩效水平。错过了这个时刻，你就会开展衰落。”

美国 GE 的杰克·韦尔奇说过：“如果你想让车再快 10 公里，只需要加一加马力；而若想使车速增加一倍，你就必须要更换铁轨了。资产重组可以一时提高公司的生产力，但若没有文化上的改变，就无法维持生产力的发展。”

华为的任正非说：历史上的大企业，一旦过了拐点，进入下滑通道，很少有回头重整成功的。

《再造企业》一书提出：在企业的运作中，绩效的显著提升只有通过根本性的变革才能实现。

毫无疑问，变革已是企业摆脱困境和走向胜利的不二法门。

著有《领导变革》和《变革之心》的领导力大师约翰·科特，以其深入广泛开展的调研和精湛的学术分析，总结出了成功变革的8大步骤：

步骤一：增强每个人的变革紧迫感。

↓

步骤二：建立一支有力量的指导团队，推动即将到来的大规模变革。

↓

步骤三：确立正确而鼓舞人心的变革愿景。

↓

步骤四：进行更大规模的沟通，以使人们认同这种变革。

↓

步骤五：更多的授权，以使更多成员能够采取行动。

↓

步骤六：取得短期成效，以稳固人们对于变革的信心。

↓

步骤七：拒绝松懈，推动变革进一步向前。

↓

步骤八：将变革作为一种新的行为规范与企业文化固定下来。

科特明确指出：这八个步骤中最核心的问题就是改变人们的行为。“组织变革当中最核心的问题不是战略，不是系统，也不是文化。

这些(以及其他一些)因素都是非常重要的,但最关键的问题无疑还是行为——如何改变人们工作的内容和方式。”也就是说,组织当中人们行为的改变,是一个组织想要取得变革成功的基本条件和关键所在。

因此,科特主张用“目睹→感受→变革”的变革基调,替代“分析→思维→变革”的传统基调。所谓的“目睹→感受→变革”的模式,也就是“帮助人们看到问题→人们的情感受到冲击→人们的行为开始改变”这样一个过程。

科特无疑给出了一条企业变革的有效路径,值得大家去践行。

总之,达尔文早就说过“得以生存的不是最强大或最聪明的物种,而是最善应变的物种。”

成功往往不是赢在起点,而是赢在转折点,赢在自我颠覆、自我蜕变!

企业如何活下去?

德鲁克说得好:变革是永恒的。

任正非的哲学:危机意识加不断变革。

我想说:变革是一切组织生命的新陈代谢!

23

TCL：像鹰一样重生

任何企业在其生命长河中，都会出现衰老乃至生命的枯萎。

如何让企业充满活力、永葆青春？

TCL 的李东生给我们做了一次示范。

2012 年，TCL 陷入了创业以来最大的内外交困，此时此刻，当家人李东生夜不能眠，千思万思写下了《鹰的重生》一文：

《鹰的重生》

（作者：李东生　2012 - 7 - 4　22：26：39）

这是一个关于鹰的故事。

鹰是世界上寿命最长的鸟类，它一生的年龄可达 70 岁。

要活那么长的寿命，它在 40 岁时必须做出困难却重要的决定。

这时，它的喙变得又长又弯，几乎碰到胸脯；它的爪子开始老化，无法有效地捕捉猎物；它的羽毛长得又浓又厚，翅膀变得十分沉重，使得飞翔十分吃力。

此时的鹰只有两种选择：要么等死，要么经过一个十分痛苦的更新过程——150天漫长的蜕变。它必须很努力地飞到山顶，在悬崖上筑巢，并停留在那里，不得飞翔。

鹰首先用它的喙击打岩石，直到其完全脱落，然后静静地等待新的喙长出来。鹰会用新长出的喙把爪子上老化的趾甲一根一根拔掉，鲜血一滴滴洒落。当新的趾甲长出来后，鹰便用新的趾甲把身上的羽毛一根一根拔掉。

5个月以后，新的羽毛长出来了，鹰重新开始飞翔，重新再度过30年的岁月！

这篇有关鹰的文章让我感触颇深，由此更加深深体会到TCL此次文化变革创新的必要性和紧迫性。

“经过20多年的发展，TCL已经从一个小企业发展成为一个初具规模的国际化企业，但一些过往支持我们成功的因素却成为阻碍我们今天发展的问题，特别是文化和管理观念如何适应企业国际化的经营成为我们最大的瓶颈。其实在2002年我们已经非常强烈地意识到这个问题，所以在企业文化变革创新的千人大会上我大声疾呼推进企业文化创新，并一针见血地指出了我们管理观念和文化上存在的一些问题，在当年的9月28日发表了“变革创新宣言书”，当时该报告在员工内部引起了强烈反响。但四年过去了，我们在企业文化变革创新，创建一个国际化企业方面并没有达到预期的目标，我认为，这也是近几年我们企业竞争力相对下降、国际化经营推进艰难的主要内部因素。

近期，我们再次推动文化创新活动，我自己也在深深反思，为什么以变革创新的见长的TCL在新一轮文化创新中裹足不前?为什么我们引以为豪的企业家精神和变革的勇气在文化创新活动中没有起到应有的作用?为什么我们对很多问题其实都已意识到,却没有勇敢地面对和改变?以至今天我们集团面临很大的困境,以至我们在不得已的情况下再进行的改革给企业和员工造成的损害比当时进行改革更大?回顾这些,我深深感到我本人应该为此承担主要的责任。我没能在推进企业文化变革创新方面做出最正确的判断和决策;没有勇气去完全揭开内部存在的问题,特别是这些问题与创业的高管和一些关键岗位主管、小团体的利益绞在一起的时候,我没有勇气去捅破它;在明知道一些管理者能力、人品或价值观不能胜任他所承担的责任,而我没有果断进行调整。另一方面,从2003年8月份开始,我们两个重大国际并购项目客观上也分散了我和核心管理团队的精力和资源。国际化并购重组的谈判、筹建过程的复杂和艰难,及以后运作中产生的许多意想不到的问题和困难,也使我们很快陷入国际化的苦战之中,无暇顾及全力推进企业的文化变革与创新。而由于在企业管理观念、文化意识和行为习惯中长期存在的问题没能及时解决,从而使一些违反企业利益和价值观的人和事继续大行其道,令企业愿景和价值观更加混乱,许多员工的激情受到挫伤,利益受到损害,严重影响员工的信心和企业的发展,而这些问题又对企业、对国际化经营发展造成直接影响。许多员工对此有强烈的反映,但我一直没有下决心采取有效的措施及时改善这种局面。对此,我深感失职和内疚!从我自己而言,反思过往推进企业文化变革创新的管理失误,主要的有几点:

1. 没有坚决把企业的核心价值观付诸行动,往往过多考虑企业业绩和个人能力,容忍一些和企业核心价值观不一致的言行存在,特别是对一些有较好经营业绩的企业主管。

2. 没有坚决制止一些主管在一个小团体里面形成和推行与集团愿景、价值观不一致的自己的价值观和行为标准，从而企业内部形成诸侯文化的习气长期不能克服，形成许多盘根错节的小山头和利益小团体，严重毒化了企业的组织氛围，使一些正直而有才能的员工失去在企业的生存环境，许多没有参与这种小团体和活动的员工往往受到损害或失去发展机会。

3. 对一些没有能力承担责任的管理干部过分碍于情面，继续让他们身居高位。其实这种情况不但有碍于企业的发展，影响公司经营，也影响了一大批有能力的新人的成长。

久而久之，使公司内部风气变坏，员工激情减退，信心丧失，一些满怀激情的员工报效无门，许多员工也因此而离开了我们的企业。回想这些，我感到无比痛心和负疚。在去年底，我已经痛下决心要通过重新推进企业文化变革创新来真正改变内部一切阻碍企业发展的行为和现象。

过往几个月，集团的管理组织正在发生改变，我们决心通过推动新一轮的变革创新从而使企业浴火重生。经过集团几次战略务虚会的讨论，我们重新拟定了企业的愿景、使命和核心价值观：

TCL 愿景：成为受人尊敬和最具创新能力的全球领先企业。

TCL 使命：为顾客创造价值，为员工创造机会，为股东创造效益，为社会承担责任。

TCL 核心价值观：诚信尽责、公平公正、知行合一、整体至上。

我们正在讨论确定这些愿景、使命和核心价值观的内涵，和怎样将这些愿景和价值观植入我们日常工作的途径和方法；我们要开展一轮彻底的、触及灵魂的文化变革创新活动，这是决定我们企业兴衰的头等大事，我们决心要把这项活动扎实地推进下去！我在此呼吁：各级管理干部和全体员工要积极参与，大家充分沟通讨论，就我们的愿景、使命、价值观达成共识，并落实到我们的工作当中。要通过这个活动凝聚人气、唤起激情、树立信心，建立共同的价值观念和行为准则。

《鹰》的故事告诉我们：在企业的生命周期中，有时候我们必须做出困难的决定，开始一个更新的过程。我们必须把旧的、不良的习惯和传统彻底抛弃，可能要放弃一些过往支持我们成功而今天已成为我们前进障碍的东西，使我们可以重新飞翔。这次蜕变是痛苦的，对企业，对全体员工，对我本人都一样。但为了企业的生存，为了实现我们发展目标，我们必须要经历这场历练！像鹰的蜕变一样，重新开启我们企业新的生命周期，在实现我们的愿景——"成为受人尊敬和最具创新能力的全球领先企业"的过程中，找回我们的信心、尊严和荣誉！"

文章发出后，员工反响热烈，大都认同李总对企业目前困难和状况的分析，认同企业必须要通过变革创新开拓一个新的局面。许多员工也在论坛上发表了自己的感受，也有一些员工直接给李总发来邮件，很多发自肺腑之言很直率，有些甚至很尖刻，大家热切期望通过这场触及灵魂的企业文化变革创新为企业赢得新生！

之后，李东生又续写了两篇文章，推动这场企业再生运动上下一致地开展了起来，最终收到了理想的效果。

24

腾讯:拥抱变革 迎接未来

2012 年 5 月,腾讯公司的马化腾给员工发出一封信:

各位同事,大家好!

经过公司管理层的集体讨论和酝酿,我们决定对公司的组织架构进行调整,以迎接腾讯未来更大的发展机遇。稍后大家将收到公司的正式发文。这是我们自 2005 年以来又一次公司级的组织架构调整,它体现了公司面对当下和未来数年市场格局变化的思考。

我们希望通过这次调整,更好地挖掘腾讯的潜力,拥抱互联网未来的机会,目标包括:强化大社交网络;拥抱全球网游机遇;发力移动互联网;整合网络媒体平台;聚力培育搜索业务;推动电商扬帆远航;并且加强创造新业务能力。同时,我们也聚合技术工程力量,发展核心技术以及运营云平台,更好地支撑未来业务的发展。

各个事业群的具体调整细节，稍后各事业群的负责人会与大家进行针对性的沟通。在此，我们想跟大家分享这次调整背后的思考以及期许：

一. 聚焦用户、拥抱趋势

在互联网行业，谁能把握行业趋势，最好地满足用户内在的需求，谁就可以得到用户的垂青，这个是我们行业的生存法则。但是，怎么把握行业趋势、怎么发掘和满足用户真正的需求是一件知易行难的事。

2005年前，互联网行业刚刚起步，业务模式相对单薄。当时，公司看到了社交、网游、网媒、无线等市场机会萌芽已现，果断进行新业务布局，并将公司从按功能模块分工转为BU制，以便业务可以更好的发展。可以说，当时的组织变革成为了过去几年我们业务发展的重要助推器，我们也超预期达成了当初的战略目标，得到了用户的认可。

7年后的今天，互联网不但已经从方方面面融入了全球20亿人每天的生活，也开始融入各行各业。在这个新的时代里面，用户新需求、新技术、新业务模式层出不穷，市场瞬息万变。与此同时，经过了7年的发展，公司的人数也超过了2万人，各个业务BU虽然也不断与时共进，但由于架构的限制，已经不能完全满足用户层出不穷的新需求了。所以在这个时候，我们必须要聚焦用户、顺势而变，从用户需求的角度，从产业发展的角度重新调整我们的组织架构。

二. 打造平台、产业共赢

大家都知道，腾讯的立业之本是我们的IM平台。过去的组织结构，都是从这个平台上“长”出来的，都是从这棵“榕树”衍生出来的枝枝叉叉。可是，虽然枝叉变得越来越多并且落地生根，这还只是一棵树。面向未来，我们必须要向互联网更高的境界迈进。我们需要去构建一个生态系统，与合作伙伴一起培育一片森林。以前，我们主要是在公司层面思考，将来要多从产业层面思考。

通过这次架构调整，公司在业务方面对各个业务群的期许是：必须进一步开放思维，要有所为有所不为。一方面，在各个专业领域深耕细作，打造用户平台；但另一方面，也要培育产业链，让合作伙伴更好地找到共赢点。我们的几大 BG 平台必须进一步加大开放力度，提升开放能力。只有这样，我们才能真正做到开放协同、产业共赢。

三. 大平台优势、小公司精神

2005 年进行组织架构调整的时候，全公司还只有两千多人，七年来经过快速的发展，腾讯的人员规模已经是当年的 7 倍，很多 BU 的规模都大于 2005 年整个公司的规模，并且可预期还有更多的同事会加入。当团队规模变大后，很容易会滋生出一些大企业毛病。到底我们如何能够克服大企业病，打造一个世界级的互联网企业？我们需要从“大”变“小”。

这次调整的基本出发点是按照各个业务的属性，形成一系列更专注的事业群，减少不必要的重叠，在事业群内能充分发挥“小公司”的精神，深刻理解并快速响应用户需求，打造优秀的产品和用户平台，并为同事们提供更好的成长机会；同时，各事业群之间可以共享基础服务平台以及创造对用户有价值的整合服务，力求在“一个腾讯”的大平台下充分发挥整合优势。

希望大家能够通过这次调整，重塑小公司的创业特质，激发激情、快速响应，引领技术和体验的创新，打造让用户惊喜的精品。

最后，我特别强调的是：此次组织架构调整，是公司长期管理提升的一个组成部分，伴随着行业的快速变化和公司的持续发展，后续一定还会有小步快跑式的微调。但无论组织架构如何调整，我们还是要坚守腾讯的愿景和文化。

过去的十四年，我们一起携手，伴随着互联网行业的发展而成长，为亿万用户打造了一站式的在线生活平台；展望未来，互联网行业的发展空间无限，我们应该有更宏大的理想，扎根中国，放眼世界。希望所有同事与我们一起，拥抱变化，拥抱未来，与合作伙伴、互联网同行一道，通过互联网服务让亿万用户的生活更美好！

此信看似只是腾讯马化腾内部管理变革的一个动员，但其深意久远。它彰显了这家互联网公司的诸多伟大之处：

一是把握“变”的脉动，战略先行不迟疑；

二是深谙小公司做大、大公司做小的规律；

三是努力构建起企业的良好生态链；

四是让企业成为可进化的生物组织。

显然腾讯比其它企业更懂得凯文·凯利之言：“我们所说的生态就像生物圈的生态系统一样的，如果说你想种苹果，你必须要有蜜蜂，如果要有蜜蜂的话就必须要有花，有花的话必须要有蚂蚁，所以不能独自完成生态系统或生态系统的一部分。”

25

有文化的企业才有活力

世上无数成功的企业如果问问他们成功的原因，99%都会说到企业文化。

比如杰克·韦尔奇——这位世上最牛的CEO就声称GE之“赢”主因就是建立了很好的企业文化。

当然追溯中国企业文化热潮的源头，海尔显然是最早的弄潮儿。海尔——这一中国民族标杆企业30年前就是扛着其鲜明的企业文化大旗开始引领中国企业向全新的商业高峰迈进。

实践充分证明，任何企业的成功离不开优秀的企业文化作支撑。

企业文化定义很多，简单说来就是企业在企业主主导下经多年实践逐步形成的具有自我特色的，被企业员工认同并共同遵循的价值观念、道德规范、行为风格的总和。

因此说一个企业是否具有很好的企业文化不在于企业老板和员

工有多深的知识，多高的文凭，也不在于企业的经营项目是否与文化产业相关，而是企业有没有具有鲜明个性的思想理念在统领企业的整个经营活动，有没有一个共同的价值观聚合企业全体员工的精神力量、促进企业的健康成长。

有一天我到了一家盲人按摩保健中心，我问一位盲人按摩师，你在这里干感觉怎样？他答：很好。我问：怎样个好法？他答：大家有发展，有一个好的企业文化。并说我们院长年轻，有理念，不断在研究。传统按摩是治肌骨损伤，而我们是内病外治，保健治病。我们在这里不断学习、不断提高，不断完善自己，而因大家都感到快乐，让客户来了也感到很亲切友好。听后让人感慨颇多。这里最关键是盲人员工在一起（企业）找到了生命的意义，建立了信念，有了人生和事业的目标，这是企业文化最核心的东西。

当然，一个企业有没有好的企业文化，首先看老板。有种说法：民营企业的企业文化就是“老板文化”有其一定的道理。

一个优秀的企业家一定是企业文化的掌旗者、布道者、践行者。因为投身在这个企业的员工会按孔子所曰：听其言，观其行，知其性。

有人总结出优秀企业家所具有的特质有如下几点：

- 有强烈的精神动力并充满激情地追求目标。
- 自信及坚忍不拔。
- 强烈的民族自尊心和责任感。
- 重视学习。
- 以身作则。

观察企业家的文化品质，还有几个重要的视角。

一是企业家的家族基因对企业家的文化性格影响深刻。 尤其从大的商业家族中走出来的企业家其成功因子会比别人多几分。

早在1986年，万科改制，王石及其高管可以拥有40%的股份，但王石没敢要。王石说原因是他让远在家乡的表弟把王家的族谱拿出来查了查，结果发现家族里没有财主基因，王石说："你从来没有富有过，突然暴富会把握不了，因为中国历来有仇富心态，不好玩。"如果当年王石拿了高股，也许就没有今天的万科和王石了。不过由于王石放弃了高股，又导致了前途爆发的"宝石"控制权之争。这是后话。

企业家具有良好的家族基因，会有比常人有更多的创业机会，心态会更加成熟，而且价值取向，文化特性能较快定位。

二是地域文化基因的影响。 企业家生长在什么环境，企业安身在哪个地域，对企业文化的形成也具有重要的影响。

我们说一方水土养一方人。属地的商业文明程度和社会文化会影响企业文化的形成。或者说，地域文化对企业文化有着很强的同化作用。

如同是商人，浙商、徽商、晋商、粤商、闽商、苏商、豫商、鲁商、汉商、冀商、赣商、赣商、京商各不相同，各具特色。有媒体总结归纳道：

浙商——江湖之王：著名经济学家吴敬琏曾感慨地说："浙江是一个有炽烈企业家精神的地方，浙江商人既聪明又肯吃苦，敢冒风险，敢为人先，最让人佩服。"

翻开古近史书方志，盛赞浙商经营才能的文字随处可见。如上世纪30年代《中国商业史》作者王孝通就说"浙人性机警，有胆识，具敏活之手腕，特别之眼光，其经营商业也，不墨守成规，而能临机应变"。

浙商，近年来发展势头迅猛，生命力旺盛，人们甚至将温州商人誉为中国的犹太人。

总体上讲，浙商处世低调，个头小巧，手眼灵活，流动性强，“小而美”是其鲜明的特点。

徽商——坚忍不拔：徽商崛起于皖南，鼎盛于明清，创造了世人瞩目的商业奇迹，推动了中国封建社会工商业的发展，谱写了彪炳史册的经济篇章。

作为中国商人中的优秀一分子，徽商一向以吃苦耐劳，不怕艰辛，不畏失败，坚忍不拔的创业精神而著称于世。当然，“红项商人”也一度是徽商的一大特点。

晋商——纵横天下：山西商人，尤其是首创中国历史上票号的山西票号商人，商路遥远，汇通天下，曾在中国历史上显赫一时。

山西商业资本源远流长，早在先秦时代，晋南就开始发生了“日中为市、致天下之民、赞天下之货、交易而退、各得其所”的商业交易活动。晋文公称霸时，榆次、安邑就已成为有名的商业集镇。秦汉时代，太原、平陆、平遥、汾阳等地已成为重要商品集散市场。唐朝定太原为北京，使太原城成为商业繁华的有名城市，韩愈形容当时的太原是“朗朗闻街鼓，晨起似朝时”。

到了宋代，山西商人与徽州商人并称，成为当时中国商业的中坚力量。到了明代，晋商兴起，当时北京城曾流传一句话“京师大贾数晋人”。晋商发展到清代，已成为国内势力最雄厚的商帮，经营盐、铁、棉、丝绸、茶叶等的商号遍及全国各地，并远涉欧洲、日本、东南亚和阿拉伯国家。清代初期，山西商人的货币经营资本逐步形成，不仅垄断了中国北方贸易和资金调度，而且插足于整个亚洲地区，甚至把触角伸向欧洲市场。可以说，从蒙古草原上的骆驼商队，到吴淞口正在出海的商船，都有山西人在计价核算，从呼伦贝尔的醋味，到贵州茅台的酒香，都有山西人在酿造叫卖。无怪有人说："凡是有鸡鸣狗叫的地方，都有山西人。"

苏商——后起之秀：从狭义上讲，苏商是指苏州府的商人，历史上赫赫有名的洞庭商人，实际上就来自这里。

苏商的悠久历史可以溯源到盐商，特别是两淮盐商。而"苏湖熟，天下足"，一句脍炙人口的谚语足以反映苏商在传统农业社会中的重要地位。

与擅长金融票号的晋商和专注商品贸易的徽商不同，苏商是崇尚实业的近代新式商帮。在清末的"实业救国"浪潮中，以盛宣怀、张謇、荣德生等为代表，无论数量和规模，苏商创办的实业都让其他商帮望尘莫及；苏商强调信誉为本，精细作业；由于文人绅士加入其中，苏商整体素质较高。及至20世纪30年代，苏商空前壮大，成为当时上海滩最重要的一股经济势力。

可以说，近代苏商是中国民族资本家的代表，苏南是近代民族工业的发源地，也是中国近代企业家和产业工人的诞生地。

改革开放后，苏南的集体经济、乡镇企业也曾经站在新中国经济发展的前沿，"苏南模式"曾经使江苏引以为傲，很多民营企业就是在那时打下的基础。

粤商——敢为人先。粤商素有"敢为天下先"的创业精神，也有"顺世而为"的驾驭商才，他们以赚钱为人生第一要义。

在广东人的性格中，只有"先"了才有意义，吃别人嚼过的馍没有味道，广东人喜欢"头啖汤"，广东商人敢为天下先的品质是与勇于开拓、敢冒风险、善于变通、踏实肯干的习性联系在一起的，这使他们易于适应各种环境，一旦遇着机遇，就迅速发达起来。

中国改革开放时期，广东得天时、地利、人和，如春风一夜的大自然，吐露万千芳华，广东人言必称商、人人皆商、全民皆商。东南西北中，发财到广东。粤商以“春笋之速”引领改革开放之潮头，以“红袖善舞”的魔幻身形运筹帷幄于资本市场，以“以大吞小”、“强强联合”、“兄弟结盟”等手段在资本市场跑马圈地，显现了粤商的资本魔方之高深莫测。

有人评价，粤商善于“借鸡生蛋”，用别人的钱办自己的事，赚自己的钱，上世纪三十年代，民间就有着江浙老板、广东小贩的说法。剔除族群之间的偏见和歧视，一个“贩”字的确道尽了粤商的形象及经商理念。

闽商——贾而好儒。闽商以海洋文明为发端，与历史上以“红顶商人”、“贾而好儒”、“官商紧密”为特点、现已式微的晋商徽商有着不同的特点，“爱拼才会赢”成为其最典型的特征。

在闽南泉州，如今当地商人用自己的脚走出了“中国鞋都”晋江、“中国瓷都”德化、“中国茶都”安溪、“中国服装城”石狮、“中国建材城”南安等等，一个个在全国都是闪闪发亮的金招牌。

单单一个县级市晋江，就有“安踏”、“浔兴”、“劲霸”、“柒牌”、“雅客”、“亲亲”、“安尔乐”、“七匹狼”、“德尔惠”、“富贵鸟”等等在全国知名的品牌。

在首都北京，目前闽商为数不少。尤其在地产界，出现了一批大佬，让一向低调的闽商集群在中国地产舞台的聚光灯下熠熠生辉。

在上海，闽商更是如鱼得水。创业者达 30 万人之多，在香港，福建商人已经超过 100 万人，而且已从传统的餐饮业发展到金融地产，目前香港北角已经从“小上海时代”进入“小福建时代”；

在美国，仅纽约一地就有30万福建人在从事餐饮、贸易和实体企业，3家闽商企业已经跻身华人在美企业前10名，粤商已经退居其次……

豫商——厚积薄发。河南曾经是商人、商业、商文化起源和发展的热土，历史上虽然没有晋商、徽商那样显赫的商帮，但深厚的商业文化积淀却为其后来的商业文明奠定了厚实的基础。

中原大地从来都不缺乏“财富的基因”，而且，正是这种深厚的“财富渊源”，为成就一代又一代杰出豫商奠定了坚实的基础。

进入改革开放的新时代，靠着“不等、不靠、不要”的拼劲和韧劲，“深入挖掘优势，没有优势创造优势也要发展”，“胸怀有多大，事业就有多大；能够看多远，就走多远”。一大批新豫商已脱颖而出，并创造了很多意想不到的成就。

鲁商——坚韧厚重。 1984年，新鲁商元年。这一年，海尔的张瑞敏登上了商业舞台的中心。如果说鲁商的责任感和大局观造成了中国特有的“山东国企现象”，那么，鲁商的厚重坚韧可能会使鲁商总有船大调头难而稍稍落后于商业潮流的感叹。

但，不管怎样，鲁商有大汉血性，该出手时就出手，做大做强的豪气十足，无论是成者：海尔、海信；张裕、青啤；还是败者秦池，无不体现出鲁商的这种精神。

另外，山东商人具有的最大优势是一脉相承的诚实守信品格，因为无论在哪个时代，商场上最大的规则就是诚信，所以从长期看，具备良好诚信记录的新鲁商们肯定会爆发出持久的后劲。

汉商——永不服输。 “天上九头鸟，地上湖北佬。”湖北商人，以汉商为代表，其主要活动地在大武汉。武汉作为商埠的历史由来已久。1861年后，汉口成为中国内地最大的货物集散中心和中国进出口贸易的重要口岸。武汉是商贾云集的“楚中第一繁盛处”，吞吐长江流域中游货物，号称“九省通衢”。

改革开放以来，“汉正街”开市场经济之先河，宛如一道亮丽的风景线，像长虹般横跨中国商界的灿烂天空，一时名震中外，谱写了汉商的风流新曲。“汉正街”是武汉人不服输的经典作品，十里长街全是小商品批发，当时在全国算是最大的小商品批发市场，南北商人云集于此，据1990年统计，平均每天交易货款达5.1亿元。

说到武汉的商贸地位，有人搬出一句老话：“货到武汉活”。多年前的数据表明：该市有商业网点10.5万个，全市人均拥有商业营业面积0.8平方米，居全国第2位。

在武汉商界流传一句俗话说：“翻墙躲债，借债赶人情。”武汉商人受儒家思想的影响，对于“保留面子”，“名誉比生命更重要”之类的话是深刻在脑海中，因而一般来说，武汉人在做生意时比较注意双方的面子，有时价钱和交易的条件，并不是谈成生意的最重要因素，而顾及对方面子，才是决定成败的关键。

冀商——个体称雄。 与徽商、晋商、浙商在历史上的辉煌相比，冀商或许更多地埋藏在历史的深处。

早在明代成化20年(1484年)，河北安国的中药就天下闻名，始有“药不经祁州无药味”之说。到明末清初，“年年两会，冬初春季，百货辐辏，商贾云集……”庙会扩展至全国；还有像辛集镇的皮毛，自明清时期就以其产品精良，享誉海内外，成为全国的皮毛交易中心。清中叶，“十三帮”与“五大会”形成，冀商进入鼎盛时期。

不过冀商历史上最为辉煌的一页出现在清末的老呔(音坦)帮。自清末以后战乱频仍的近百年间,“老呔帮”在东北工商界势力之大,无人能及,不仅成就了东北近现代工业的风云,也为冀商百年商史留下可圈可点之处。

在清末民初,河北张家口是与天津、上海齐名的商业达都市,鼎盛时有44家外资企业在张家口市开设分公司,一间标准房的月租金要五十两白银,相当于现在人民币3000多元,简直到了寸土寸金的地步。最高年贸易额达一亿五千万两白银,按现市价折算大约有60多亿人民币,这是怎样的天文数字!

在所有的商帮中,冀商的整体规模可能不是很大,但是单个企业的块头都不小,在行业内都有很强的竞争实力。

赣商——江右商帮。 兴盛于明清赣商,史称“江右商帮”。据魏僖所著的《日录杂说》上记载:“江东称江左,江西称江右。盖自江北视之,江东在左,江西在右。”明清时期,江西商人活动的地域和范围很广,可说是遍布全国各地,其财力和能量仅次于晋商和徽商。

赣商兴起于元末明初,并迅速进入鼎盛时期。突出的表现就是江西会馆很多,遍布全国。明成祖迁都北京后,北京成了全国的政治、经济、文化、商业中心,居住在北京的经商、赶考和谋官的江西人很多。当时北京有41所会馆,其中江西会馆就达14所之多,位居第一。湖广是江西人徙居的一个重要地区,因距离不远,来往方便,故“豫章之为商者,其言适楚,犹门庭也。”所以在湖广的赣商很多,有“无江西商人不成市”之说。云、贵、川也是赣商的汇集区,他们既经商于城市,也小商小贩于农村,甚至代官府“征输里役”。除两湖、两广、西南边陲外,赣商在江浙、福建、河南等地也很活跃,当地市场上的许多货物都来自江西或出自江西人之手。值得一提的是，全国各地开中药铺的商人，十有八九来自江西樟树，故有“药不到樟树不齐”、“药不过樟树不灵”之说法。

京商——官商气派。 新京商似乎从来没有以群体的形象出现。直到近年才有著名经济学家厉以宁首次提出了“新京商”的概念。

从历史上看，北京的商业者首先是一种权力商业。在过去，从皇室到小吏，往往都利用手中的权力抓钱，京都生意场都是官商的气派。在新时期，官商仍然是北京商人的一大特点。新京商不少与京城大大小小的官员有联系，路子广，信息灵，他们热衷于做大买卖，而且成功率高。北京商人的政治神经十分敏感，即使一个微不足道或与政治风马牛不相及的事件，他们也能嗅出它的“政治”气味。由于政治情结的心理缠绕，新京商俨然像是政治家，朋友聚会就像是政治家沙龙。新京商侃起国家大事、政治形势，就像高山流水，气势磅礴。北京人脑袋里装的除了赚钱外，就是最新最全的政治新闻，胸中存的是独到的政治见解。有人曾戏言说：在北京街头，随便挑几个生意人，其政治水平都够得上外地县长一级的水平。

据统计，目前北京至少有100万个拥有自己资产和雇工的老板，而且这种趋势还在迅猛发展。北京新办的民营企业中，绝大多数老板是年轻人，而且文化层次都很高，不少持有硕士、博士学位，他们或戴着眼镜，西装革履，手提笔记本，或准备把自己的发明产品化，或到某一部门去攻关，或为某一地区或企业进行策划，他们是新京商中的骄子。

总体而言：“东北虎”的大刀阔斧，陕西人的儒雅深沉，北京人的胸怀宽广，上海人的精打细算，“九头鸟”的足智多谋，潮州人的经营才干，客家人的吃苦耐劳，这些特性必然对企业文化的形成产生较大的影响。

三是民族文化基因。 中国企业的企业文化无疑会受中国传统文化的深刻影响，是“东方”文化。与欧美企业、日韩企业的企业文化也会有很大的不同。

如美国文化给美国企业注入了创新、激情的要素。美国的商业理念是勇于破坏和重建。尽情地享受“混乱”，“混乱”会带来财富。

德国文化使德国的企业具有严谨、精密的文化品质。世界公认，德意志民族有一种普遍对质量的自觉。进一步说是对规则的尊重。德国的商业理念是：专注和秩序。他们坚信秩序带来安全。

法国文化使法国企业给人艺术的气质，法国有浪漫悠久的历史。法国的商业精神是自由，员工需要更多的自由。

日本的商业理念是危机感，讲人性。

族群（民族、国家、地区）的商文化对企业的生存发展有着很深的影响。他对企业文化的形成有一条天然的路径。而且这种具有传统性的文化对企业所从事的相关行业具有很强的支撑作用。如德国的制造业、法国的时尚业。

中国的企业大多有深深的中国儒家文化烙印。

四是行业基因。不同的行业客观上对企业文化提出不同的要求。

显然，制造业与服务业、传统工业与 IT 业、国企和民企其企业文化的特性自然会有所区别。

《基业长青》一书作者研究发现，那些基业长青的企业有个共同点，就是不断地给企业文化注入新的活力。所为新的活力，就是企业要强烈的创新意识来汲取和包容当下商业文明的精华。

华为任正非在他的致新员工书中写道:“华为的企业文化是建立在民族优良传统文化的基础上的企业文化,同时,这个企业文化是开放的,包容的,不断吸纳世界上好的优良文化和管理的。如果把这个文化封闭起来,以狭隘的民族自尊心,狭隘的华为自豪感,狭隘的自我品牌意识为主导,排斥别的先进文化,那么华为一定会失败。”这话说得非常好。

进一步说,企业文化的实质是企业的一种生存方式,是企业在市场竞争环境中为获得持续发展而选择的或努力去营造的用以适应外部竞争的一种生存方式。

美国哈佛大学的约翰·科特教授和詹姆斯·赫斯科特教授深入研究了企业文化与企业长期经营业绩之间的相关性,他们指出:企业文化对企业长期经营业绩有着重大的作用,我们发现具有重视所有关键管理要素,重视各级管理人员、领导艺术的公司,其经营业绩远远胜于那些没有这些企业文化特征的公司。在 11 年的考察期中,前者总收入平均增长达 82%,后者则仅达 66%;前者公司净收入平均增长达 75.6%,后者则仅为 1%。

另外,哈佛大学肯尼迪政府学院的凯勒曼宣称,一个大公司的命运出人意料地取决于它对基层员工的了解程度和让他们更具效率的程度。

显然,其秘密就在于企业文化。

26

稻盛和夫的医术:拯救日航

企业的再生,一是自救,二是他助。

无论是自救还是他助,都需要很强的医术。

日本航空(简称"日航")是全球第三大航空公司,创建于 1951 年 8 月,1987 年日本政府将日航民营化。2010 年 1 月,日航经营陷入困境(亏损额超过 20000 亿日元),向东京地方法院递交破产申请。

为了拯救日航,日本政府想到了一个人:稻盛和夫。

被誉为当今经营之神的稻盛和夫,近年来他多次来华传经送宝,已被国人广为熟知,其《活着》一书,在国内更是深受企业家的喜爱。

稻盛曾经在 27 岁创办京都陶瓷株式会社(京瓷 Kyocera),52 岁创办 KDDI(仅次于 NTT 的第二大通讯公司),并以惊人的速度将这两家公司带入世界 500 强。

在政府的盛情邀请下,稻盛答应出出马,出任日本航空的董事长。

结果,奇迹又发生了。

稻盛和夫入主日航后,推出了一系列“重建计划”,第二年就实现了扭亏为盈。

2011 年度,纯利润达到了 1840 亿日元,成为了全球最赚钱的航空公司。而且,日航重新上市后,政府通过再生支援机构支援的 3500 亿日元的资金,日航不仅全额偿还,并且还多给了 3000 亿日元,以表在政府财政困难的情况下,对国家的一点支持。

据说 1962 年以来,日本政府的企业再生支援机构协助破产企业重建,总共有 138 家,其中有将近半数的 59 家企业在重建过程中最终消亡,而重新获得上市的企业只有 9 家,而且从着手重建到上市的最短时间,也花了 7 年多时间。而日航从宣告破产重建到重新上市,只用了短短的 2 年零 7 个月的时间。

稻盛和夫是如何做到的。

2012 年 10 月 23 日,稻盛和夫先生在东京的外国记者协会上如是说:

关键词:奉献

第一,(是我)零工资的奉献给了全体员工以很大的精神鼓励。

我接受政府的邀请出任公司董事长时,已是 80 岁的老人,在许多员工眼里,我是他(她)们的爷爷、父亲或叔叔,我一生与日本航空公司没有什么关系,却愿意不领一分钱的工资为日本航空公司的重建奉献最后的力量,给了全体员工一个很好的榜样。

关键词:历史责任感

第二,按照政府再生支援机构的重建要求,日本航空要裁减一部分员工,但是,同时也要保护更多的员工能够继续留在公司里工作。

我之所以答应政府的邀请到日本航空公司来担任董事长,是认识到日本航空公司不能让它倒闭,不能让它影响日本经济,尽可能地保住更多人的工作机会。所以,虽然社会上也有些议论和反对担忧之声,我还是以一种历史责任感走进了日本航空公司。

关键词:经营人心

第三,我担任董事长后,做的第一件事,就是要明确日本航空公司的经营目标,并将这一目标反复向全体员工传达,让每一位员工时刻牢记自己要做什么,公司要做到什么。

这一做法,与我创建和经营京瓷公司、KDDI公司一样。我觉得,企业是为了全体员工的幸福而存在的,企业如果仅仅为了追求利益而不顾员工的幸福,那么员工的心就会离去。因此,只有把员工的幸福放在第一位,大家团结一心,经营者与员工的心灵产生共鸣,企业才能走出困境,才能获得健康发展。

关键词:经营理念

第四,在日本航空公司,我用我的经营哲学和人生观,对企业进行了改革,尤其是对官僚体制进行了彻底的改革。

日本航空公司之所以破产,是因为盲目的扩张和严重的官僚主义。现场与总部的渠道不同,现场的要求和问题反映不到管理层,所以,我首先对企业的经营服务意识进行了改革。

我原本以为,航空公司最关键的要素,是拥有最先进的客机和最完善的设施。但是,当我成为日本航空公司董事长后,我发现,给乘客提供一流的优质服务和舒适安全的飞行环境,才是最为重要的。

因此,我深入到第一线现场,与乘客、与机长、与客舱服务员、与行李搬运员，与其他的地勤人员交流，一起商议提高服务质量的问题，一起研究如何改善客舱餐，制定了40个项目的服务内容，让员工和我一起拥有共同的价值观，拥有共同的经营理念，做到“物心两面”一致，日本航空公司新的企业理念也因此形成。

让优秀的员工脱颖而出，选拔优秀的员工担任管理干部，培养一批年轻优秀的人才，也是我们十分重视的工作。因为只有这样，公司才能打破陈旧的官僚体制，让每一位员工树立起经营者的意识，建立起一种创新的公司规则，人人成为公司的主人。

关键词：风气

第五，我担任董事长后，最为吃惊的是，公司的各项统计数据不仅不全，而且统计时间很长很慢，往往需要3个月之后才能搞全数据，以至于经营者无法迅速掌握公司的运营情况。所以，在对企业内部进行改革时，我特别关注统计工作。

经过改革，现在各个部门的数据做到即有即报，公司详尽的经营报告，做到了一个月内完成。同时，对于公司内部经营体制实施了改革，实行了航线单独核算制度，并确定了各航线的经营责任人。

许多人认为，企业的经营，最重要的是确立经营的战略，但是我认为，最重要的是那些看不见的公司风气和员工的意识。也就是说，如果每一位员工都能够以自己的公司而自豪，都能够发自内心地为公司服务，那么这一家公司就一定会发展得很好。相反的，员工成为批评家经常批评自己的公司，那么，这样的公司就一定会破产，经营者再努力也好不起来。

所以，日本航空公司之所以能够走出困境重新上市，是因为在短短的2年多时间里，公司风气改变了，员工的意识改变了，员工发自内心地与公司同心同德同努力。

所以,我要感谢我们的员工,是他(她)们辛勤的努力,才拯救了自己的公司。这才是日本航空公司获得重生的最大秘密。

概括起来讲,稻盛和夫的医术就是两句话:"敬天爱人"、"一手理念、一手算盘"。

有报道说,得知稻盛和夫将接手日航的消息后,一个海外塾生曾问稻盛:"在这种情况下接手日航,您有什么高招吗?"

"你这个问题本身就有问题。我没有什么特别的高招,我到日航去,就是要把我的经营哲学渗透到日航的员工中去,再没有另外的技巧。"稻盛和夫淡定作答。

早在接手日航之初,稻盛就把京瓷的标语都拿到了日航,比如:"要想经营计划成功,只有一心一意去努力";"人的强烈信念是能带来成功的";"没有污浊的纯粹的心是能带来成功的";"以高尚纯粹的精神状态工作"……

在出任日航董事长致辞时,稻盛和夫就表示:"企业最重要的财产就是员工的心。如果每名员工都能发自内心地盼望重组、发自内心地配合,我坚信这个企业就能持续发展。"

可以看出,稻盛和夫的经营思想很大程度上是受中国传统文化的影响,他说:"自古以来,在这个世界上,在追求正确的为人之道、追求做人应有的姿态方面,中国人最为真挚。可以证明这一点的是:以《论语》为代表的许多中国古代典籍,长期以来教化了包括日本在内的亚洲近邻诸国的人民。"

"中国古典《书经》里说,'满招损、谦受益'。具体来说,认为一切成功都是依靠自己一个人的努力,具有这种傲慢思想的人,他们的幸运不可能长期持续。只有谦虚的人,才能得到长久的幸福。我希望大家不管遇到什么样的考验,都要以感谢之心坦然应对,努力奋斗,持之以恒。抱有怎样的思想,采取怎样的行动,人生的结果就会随之而不同。”

这让我想到最近在《哈佛商业评论》上读到的一句话:21世纪最伟大的领导方式,就是让一群个体找到满意的“我们”。不知这是对稻盛和夫的总结,还是稻盛给出的注解。

稻盛和夫说,“企业经营不能没有哲学”,“京瓷哲学和阿米巴经营就是京瓷发展的两个轮子。”这就是稻盛和夫的哲学与实学。哲学涉及人心、人的思想行为同人生结果之间的关系、人和企业应有的精神规范,以及经营企业的辩证法;实学则是经营企业时实际的管理技术、具体的操作手法。

“敬天爱人”是京瓷的社训,也是稻盛和夫经营哲学的核心概念。“敬天爱人”一语取自他最尊敬的19世纪日本明治维新领袖人物西乡隆盛,他们都是鹿儿岛人。“敬天可以说是对自然、对人力以外的事情要有敬畏之心,要按事物的本性做事;爱人就是‘利他’。‘他’既是客户,也包括顾客、员工、利益相关者和社会。所以京瓷一直以来都坚持着追求全体员工物质与精神两方面幸福的同时,为人类和社会的进步与发展做出贡献的经营理念。”山田代表说。

“也就是说,我把作为人是正确的还是不正确的、是善还是恶作为经营的判断基准。‘正还是邪’、‘善还是恶’,这是最基本的道德律。现在回想起来,我深深地体会到,正是依靠这样一个最基本的伦理观和道德律来开展经营，京瓷才能获得现有的成功。”

阿米巴，源自拉丁语，意思是变形虫。“取这个名字是因为它的寓意。京瓷的阿米巴可以看做一个个的活性细胞，它们可以分裂，也可以重新组合。”山田说。“阿米巴经营”，就是根据产品、工序、客户或地区不同，将大组织划分成许多独立经营、独立核算的小集团。“公司在阿米巴的上层还是分某某事业部、销售部，到下面最小的单位就叫阿米巴，它是最小的能够独立核算的单位。这和其他企业集团的子公司、分厂还有差别，大部分的阿米巴往往承担的是对内销售的任务。”比如某陶瓷产品有混和、成型、烧结、精加工四道工序，就将这四道工序分成四个“阿米巴”，每个“阿米巴”都像一个小企业，阿米巴的领导者也就是经营者，需要考虑销售额、成本和利润。“在采购中，阿米巴的领导者需要考虑同样一个零部件是在公司内部买合算还是到外面采购合算，跟现实的企业一样。”现在京瓷公司已有将近3000个“阿米巴”。

“阿米巴经营”不仅考核每个“阿米巴”的领导人，而且考核到每个“阿米巴”人员每小时产生的附加价值，用单位时间核算制来衡量阿米巴业务活动的成果。“附加价值”是阿米巴的销售额减去生产该产品所需的材料费、设备折旧费、除劳务费之外的所有扣除金额，用总附加价值除以总劳动时间，算出单位时间附加价值。“这样做不仅使阿米巴的领导者可以马上看到生产销售中存在的问题，普通的员工也可以很直观地看到自己对公司贡献的价值，刺激他们的工作热情，激发他们的凝聚力，真正落实‘全员经营’的方针。”山田说。

实施“阿米巴经营”有两个前提条件。第一是企业经营者的人格魅力。经营者必须具备“敬天爱人”的明确信念。领导人的公平无私是调动员工积极性的最大动力，也是实施“阿米巴经营”的首要前提条件。第二个前提条件是所谓“哲学共有”。各个“阿米巴”之间,每一个“阿米巴”内部的每一位成员,在为自己和自己的“阿米巴”的业绩考虑时,如果缺乏为别人、为别的“阿米巴”以及为企业整体着想的“利他之心”,“阿米巴经营”将难以推行。

京瓷的阿米巴是在同一个经营理念指引下的命运共同体,需要每一位阿米巴领导明确自身的立场,抛开利己想法,考虑到公司整体利益,做出正确的判断。这需要的是“做人何谓正确”作为判断基准的经营哲学,通过正确地解决部门之间的利害对立,从而同时追求个体与整体的利益。正是因为共同的哲学思想、经营理念和价值观,京瓷无论如何细分、产生多少的阿米巴,整个企业也能够像生命体一样正常运转。

27

企业生命的嫁接：文化融合

近年来，在全球化、市场化及竞争加剧的大背景下，政府为了调整产业结构和国企改革，企业为了求生和发展，开始了大规模、高频度的企业并购重组活动，但不幸的是大量的并购重组效果很不好。

科尔尼管理顾问有限公司的一项调查显示：在过去的一段时间里，国际上大的企业并购案中65%是失败的，没有达到预期的协同效应和财务回报。麦肯锡咨询公司也对公司重组做过一次大规模调查，得出了同样发人深省的结论，重组10年后只有近1/4的公司获得成功。

从生物学上讲，不同的生命体组合在一起构建成一个新的生命体，需要的是基因匹配，要克服基因的排异性。

同理，企业间的并购重组也是不同生命的嫁接和组合，也需要“基因”匹配。

那关键的"基因"又是什么呢?

实践证明,是企业文化。据科尔尼管理顾问有限公司对欧美和亚洲的115个并购案例的调查,在导致并购失败的因素中,文化的差异高居首位。很多案例由于企业文化和价值观的互不认同,导致重组后的企业效率低下,甚至走向失败。诚如"同舟不共济,处处是危机"。

也就是说,企业的并购重组其成功与否,关键是文化融合。

不仅如此,以文化融合为主导的企业并购重组往往会收到意想不到的成效。

以下就是一个经典的案例,且被收录为哈佛案例库(据说还是哈佛案例库中的第一例中国企业案,当然,其做法有时代特点。)

海尔文化激活休克鱼

(红星案例:以文化促经营)

企业文化先行

红星电器曾经和海尔一样,被青岛市列为重点和名牌企业。原红星厂拥有3500多名员工,曾是我国三大洗衣机生产企业之一,年产洗衣机达70多万台。但在同样的起跑线上,海尔越跑越快,摘取了中国家电第一名牌的桂冠,而红星的经营每况愈下,到1995年上半年,企业亏损1亿多元,资产不抵债。

1995年7月,在青岛市政府的支持下,红星电器整体划归海尔,连同所有的债务。在海尔看来,红星厂属于"休克鱼":企业的硬件很好——鱼的肌体没有腐烂,而鱼处于休克状态,说明企业的思想、观念有问题,导致企业停滞不前。海尔要以自己的文化激活"休克鱼"。

兼并红星是一次大规模的企业重组,青岛全市上下都极为关注,其成败扣人心弦。划归之初，张瑞敏便确定一个思路：红星失败的原因不在技术，也不在资金，“关键是管理不到位”，企业对职工的凝聚力差，缺乏将现有生产要素有效组合的灵魂。而海尔经过十几年发展，最大的成功就是形成了一套独特的管理思想，塑造了员工共同认可的价值观，形成了自己的文化——海尔文化。只有将海尔文化输入到红星，以此来统一企业思想、重铸企业灵魂，以无形资产去盘活有形资产，红星才有可能重生。这也是对海尔文化和管理模式的一次重大考验。

在划归第二天，海尔集团常务副总裁杨绵绵便率海尔企业文化、资产管理等五大部门的负责人来到红星，开始贯彻和实施“企业文化先行”的战略。他们向全体员工解释海尔的企业精神：“敬业报国，追求卓越”，并突出了海尔强调个人职责，追求最高质量信誉及实行岗位责任制的做法。

随后，张瑞敏又亲自到红星，推心置腹地向中层干部们讲述他的经营心得，灌输“关键的少数决定非关键的多数”这个“人和责任”的理念。张瑞敏进而从分析红星亏损的主要原因出发，讲解海尔 OEC 管理的精神内核，要求大家从我做起，从现在做起，从我出成果。从今天出成果，全方位地对每天、每人、每件事进行清理、控制。日事日毕，日清日高。他提出，当前要群策群力，从三方面做起：一、以市场为中心，卖信誉，而不是卖产品，一切工作都要围绕顾客需求和市场满意来做；二、降低成本，增加赢利能力，用最小投入得到最大产出；三、每天做出计划，目标量化分解到人，抓紧抓死，要在两到三年内争创中国洗衣机第一名品，最终在国际上创名牌。

“企业最活跃的因子就是人，而在人的因素中，中层以上管理干部虽是少数，却在企业发展中负有80%的责任。”这就是海尔文化干部向红星中层干部讲述的“80/20原则”。他们还讲了解决例行问题和例外问题要用不同方法的“法约尔跳板原则”，并引用中华民族的古训：“德，才之帅也；才，德之资也”等等道理，唤起红星干部的思考以及再试身手的激情。

海尔对红星的改造分两步走：首先，在海尔企业文化中心的指导下，教育新员工接受海尔的企业文化，从原咨询认证中心派出质量控制人员。第二步，提高工作效率，派出质量保证体系审核小组检查工厂的所有环节。同时，海尔电冰箱股份有限公司副总经理柴永森奉命来到由红星电器更名而成的海尔洗衣机有限总公司，就任总经理。柴永森尽管年仅32岁，可已在实施海尔OEC管理方面积累了丰富的经验。

“80/20原则”

从海尔到红星，柴永森看到3500多名红星员工对企业划归海尔表示出拥护的态度；但他也观察到，由于企业文化、企业管理、员工素质等方面的差异，人们对于海尔的管理方法，比如OEC方式，在认识上有很大偏差。

海尔管理的指导思想立足于“以人为本”。因此，以柴永森为首的新领导班子，没有简单地采用说教的方式，而是抓住发生在员工身边的典型事例，来启迪人们自觉地进行观念上的转变。

1995年7月12日，洗衣机生产车间公布了一则处理决定：某质检员由于责任心不强，造成选择开关插头插错和漏检，被罚款50元。这时洗衣机的产品开箱率和社会返修率与第一名牌还有很大差距。

罚款原本是件顺理成章的事，因为过去企业发生质量问题从来都是罚一线工人，但是，若用海尔的管理观念来看这件事，则不该如此简单处理。海尔管理者认为这绝不是该质检员一个人造成的，主要是管理上的漏洞使然，当事者周围的干部更应当逐级承担责任。集团创办的《海尔人》敏锐地意识到此事背后的意义，于1995年7月12日在头版发表文章《质检员的上级负什么责任?》一针见血地写道：

“近日，在洗衣机有限总公司看到了一则处理决定：某质检员由于责任心不强，造成选择开关插头插错和漏检，因而被罚款50元。该质检员作为最基层的普通员工承担了她所应该承担的工作责任。但是，从她身上所反映的质保体系上存在的问题——如何防止漏检的不合格品流入市场，这一责任也应该像处理该质检员这样，落到实处，找到责任人。在该质检员问题的背后，还存在着更大的隐患，毕竟洗衣机有限总公司的产品开箱率和社会返修率与第一名牌的要求还有很大差距，这一切决不是该质检员一个人造成的，体系上的漏洞使‘偶然行为’变成了‘必然’。既然如此，掌握‘质检员’的全局的干部更应该承担责任在前，先检查系统保障的问题，才能使‘质检员’类似的错误越来越少。”

《海尔人》为此发动了一场大讨论：罚这位质检员对不对？如果质检员错了，她的上级应该负什么责任？出了质量问题，不仅仅是检查员和操作者的事。检查员有没有经过严格的培训？上级是不是对她进行了复审？是不是对她进行了检查？不能出了问题都推到具体工作人员身上。

通过这个讨论，海尔要灌输一种什么思想呢？就是海尔企业管理中一个非常重要的原则——管理人员与员工责任分配的“80/20原则”。《海尔人》为讨论配发了评论《动真格的，先从干部开始——兼说

80/20 原则》，指出：

“近一周来，集团公司各有关部门对海尔洗衣机有限总公司的方方面面进行了初探。这个企业不少干部自己深有感触地说：企业没有发展上去，关键在于人；人的问题，关键在于干部；干部的问题，关键在于从来没有动真格的。对于干部从不动真格的，原则就坚持不下去；不能坚持原则，处处让步，工作就上不去，市场就给你脸色看。

的确如此。海尔管理上有个‘80/20 原则’，这就是，企业里发生的任何一件过错、失误，管理者都要承担 80%的责任，具体操作者承担 20%的责任。

为什么要这样划分？一些干部不明白。可以用另一管理理论来解答，这就是：在企业里，‘关键的少数制约着次要的多数’。干部就是‘关键的少数’，从战略目标的确定到计划的制订，再到实施控制，都是干部的职责，下面干得不好，主要是上面指挥得不好，下面的水平，就反映了上面的素质，所以，出了问题把责任推给下属就违背了管理的基本原则。”

为了让质检员的上级也担当责任，海尔集团总部还发掘了一个古代的“80/20 原则”的故事，让原红星的干部明白“下级出了事，上级承担责任”古已有之。

故事说，据《史记·循吏列传》记载，春秋时期，晋文公称霸，他任命有功之臣李离为晋国“理官”。有一次，李离误把没有死罪的人处死了，当他发现后，就判自己犯了“过失杀人”之罪，把自己关进死囚牢房。因为他是有贡献的人，晋文公闻讯赶来，宣布赦免他的死罪。晋文公劝他“官有富贵，罚有轻重，此事是你的下级犯了罪，你自己并没有罪”。李离答道“我的职位比下级高，受他们的拜揖我从不还礼，拿的俸禄比他们多，也从不分给他们，而现在犯了罪却要把罪名推给他们，这我可没听说过。理官有一条法律：理有法，失刑则刑，失死则死。”说罢，他便拔剑自刎了。

进入“日清日高”大系统

强调“80/20原则”，就是要让干部认清自己的责任。不回避矛盾，不逃避责任。从某种角度讲，只有对干部动了真格的，企业才有勃发生机的希望，出了问题，首先管理人员应该负责任。只有抓住管理人员，整个系统才能有效地运转。

《海尔人》的文章在原红星引起强烈震动。在此之前，该厂从未因产品质量问题追究过上级领导的责任。而多数工人认为追究上级的责任是公平的，因为“领导必须承担领导责任”。洗衣机总公司分管质量的负责人受到的触动很大，他认为文章抓住了工厂在企业管理、质量、观念上的要害。质量出现问题，首要的责任在领导、在干部。企业质量办公室读报当天就组织了讨论，认为只罚工人是行不通的，要有勇气在自己身上开刀，才能找到出路。该负责人自罚了300元并写出书面检查。同时，他制定了措施，从管理体系上对洗衣机质量检查工作进行整改。

由此及彼——总经理柴永森督促下级部门迅速处理企业数年来的洗衣机库存返修问题，但拖拉惯了的下级部门认为此事无关紧要，并按期照办——柴永森据此自罚500元。

全新的海尔观念，让原红星员工真正了解到海尔文化的威力。尤其是广大干部，开始认识到管理的责任与差距，每个人都从自己身上找不足。干部红黄榜迅速设立，先后有十位干部对自己工作中的失误进行了自罚，许多长期难以根除的质量、供货、干部工作作风等问题由此得到解决。

抓住红星厂观念已有所转变的时机,柴永森组织全体员工分批参观海尔电冰箱公司等企业,使他们亲眼目睹海尔科学有序的现场管理,领略 OEC 管理的真谛,寻找自身的差距。

海尔现场管理的精髓是“责任到人”,人人都管事,事事有人管。这不仅体现在生产环节,哪怕是车间是一扇窗户的玻璃,其卫生清洁也有指定员工责任。而洗衣机公司现场管理的最大弊病就是责任不清,出了问题谁也不负责。

参观回来后,该公司各分厂都把“严抓现场管理,落实每人、每事、每天的责任”,作为工作上台阶的突破口。各分厂领导每天至少有六小时停留在现场,抓薄弱环节,解决实质问题,现场管理水平每天都有提高。

过去现场管理较差、各种物品乱堆乱放的总装分厂,现场面貌变得整洁有序。崭新的《现场管理区域图》挂在车间大门处;“最优最差车间主任”、员工评比、提醒大家注意的“当日工作重点”等工整地书写在黑板报上;“日清栏”内质量、生产、物耗管理、设备、文明生产、工艺、劳动纪律等条目标注清晰,一目了然;车间地面上新画的区域黄线,将各种物品的放置界定了归位的明确界限......其它分厂也很快改变了过去那种从投入到产出的无序状态,管理井井有条,形成了完整的体系。

这样,不是依靠简单地撤换管理人员和驱赶普通员工,而是采用公开监督、披露信息、学习提高、加强自觉的办法,海尔 OEC 管理模式顺利在红星建立。

从“休克鱼”到“巨鲸”

在海尔全新理念的导向下,原红星公司的一切工作都围绕市场展开:

——建立健全的质保体系，建立行之有效的奖惩制度，使产品走向市场有了可靠保证。

——建立高效运作机制，全面调整内部机构。撤销34个处室，成立销售部、财务部、制造部、技术质量部、综合部和科研所，实行五部一所管理。按照“公平竞争、择优上岗”原则，中层干部由105人减至45人。尽管精简干部这一工作经受了严峻的考验，但柴永森还是坚持按海尔的要求做了。

——改革干部制度。变“相马”式的干部提拔制度为“赛马”式的竞争制度；公开“招聘”选拔一流人才，充实各部门干部岗位。崭新的用人观念，调动了干部的积极性。

——调整销售战略，重塑市场信誉。根据国内市场和消费者的需求，克服种种困难，加大产量，将过去单纯面向国际市场的全自动洗衣机在出口的同时投入国内市场，并冠以朗朗上口的“小神童”新品牌；新开发一种适销对路、大容量的气泡双桶洗衣机，命名为“小神泡”。两种新品牌投放全国市场后，一炮打响，供不应求，使失去的洗衣机市场重回怀抱。

海尔OEC管理模式在红星全面推行，红星公司生机盎然。加盟海尔的红星电器很快出现了蒸蒸日上的新气象：三个月扭亏，第五个月就赢利150多万元。短短两年时间，海尔洗衣机已成为同行业第一名牌。被兼并的企业在海尔的海洋里自由地遨游、成长。因管理不善而“休克”的鱼被催醒，重新参与市场搏击，如今他已成长为同行业的“巨鲸”。

28

自利而生　利他则久

企业成功有各种方法，企业失败有一个共性，那就是竞争。

一个企业要在市场上屹立不倒，必须具有很强的竞争力。

《中国经营报》长期关注企业竞争力的研究，举行了多届年度性企业竞争力大会。其最大的研究成果之一：利他竞争力。

《中国经营报》社长金碚先生在其"利他动机是否可以产生更强的竞争力"一文（2010 年 02 月 02 日《商学院》）中写道：

一个人所获得的财富（收入和财产）达到或超过了终身消费的需要，为什么还要追求更多的财富？企业所有者和经营者为什么要以"百年企业"和"长寿企业"为目标？

按照个人利己主义原则，百年之后的企业与现在的企业所有者和经营者有什么关系？

再试想，在一个以个体利益最大化为动力和目标的企业里，每个企业员工都追求个人利益最大化目标——以最少的工作争取最高的收入，这样的企业能够有竞争力吗？

随着商业文明的发展，社会对企业以及个人的利他要求越来越高，一个不利他的企业可能就会生存不下去，比如环境保护，这是社会要求企业承担的社会责任。一个企业如果不承担社会责任，一切从利己的目标出发，例如严重破坏环境，就可能损害其竞争力，甚至无法生存。因为它的行为不仅会违反法律，而且在道德上也不被社会接受。在很多发达国家，企业已经发现，越来越多的消费者不愿购买污染环境的企业的产品。越来越多的企业不愿意和没有社会责任心的企业合作。

当然，企业利他行为的产生发展和利他竞争力的形成和变化是一个漫长的过程。首先是策略性利他，即主观利己，客观利他。而后，企业在竞争中要求员工具有职业道德和对企业的忠诚，从而形成集体性利他动机。以后又会形成对各种利益相关者“共赢”的互利性利他动机和行为。最后会升华成社会性利他。当商业文明更成熟、竞争更激烈充分、竞争信息更透明（媒体更发达）、世界联系更紧密的时候，这种主观价值上的利他将会更强烈。

进一步说，利他是能够产生比利己更强的企业竞争力的。例如，稻盛和夫在他《活法》一书中，令人信服地告诉我们他的实践确实可以证明，利他动机和目标可以产生强大的企业竞争力。京瓷就是一个例子，在这个企业里上上下下、对外对内，都奉行“奉献社会、奉献人类”的理念。稻盛和夫从企业经营的角度论述了这些有利于社会的动机和行为是如何保证企业具有更强的生命力的，而那些纯粹利己的企业是如何失败的。

这样，就产生了一个同市场经济的“主观为自己，客观为他人”的一般逻辑相对的另一个逻辑：“主观为他人（社会），客观为自己”。这样的逻辑在市场竞争的环境中是否能够普遍有效，是一个需要深入观察研究的问题，但是，至少在一些企业、一些领域中有效，是我们可以确信的。

利己或是利他的动机和行为在企业发展的不同阶段是具有不同意义的。在企业发展初期，必须面对残酷的生存竞争，为了让自己生存下去，企业不得不更多地从利己目标（自我生存）出发。中国企业在改革开放以后的一段时期大都处在这样的发展阶段，以至于社会评价企业竞争力的标准主要就是利润指标。但是，随着经济的发展，企业实力不断增强，企业的利他和利己动机就开始发生演变。从越来越具有策略性利他行为开始，逐渐形成普遍的职业性利他行为、集体性利他行为。最后，产生越来越强的社会性利他舆论、动机和行为。因此，利他竞争力实际上也是竞争的产物。它同商业文明的进步具有同样的客观逻辑必然性。因为，广泛的市场竞争使企业与外界的联系更加紧密，同社会的利益更为密切，因此，我们可以发现，当竞争越来越激烈的时候，社会对企业行为的利他性要求越来越高。企业必须适应这样的生存环境，从被动的策略性的利他演变为利他的价值观和企业文化。

当然，尽管利己和利他并无绝对的界限，相互可以转化，但是两者还是有性质差别和明确的概念界定的。利己与利他的本质区别在于，只有当企业具有利他动机，而不仅仅是策略性利他行为的时候，才可以被认定具有了利他竞争力。利他竞争力是企业竞争力强大的一个重要标志，是企业竞争力升华为更高阶段的一个重要标志，也是商业文明发展到更高阶段的一个重要标志。因为，企业之间的竞争，并不只是遵循简单的丛林法则、你死我活、零和博弈；而且也可以有追求双赢、实现互利的更加文明的竞争状态。而文明竞争总是会超越丛林法则的野蛮竞争，形成更有效的竞争秩序。在这样的竞争秩序中，利他竞争力将发挥越来越重要的作用。

记得，早年青岛啤酒原董事长金志国说过：要成为长寿企业，就要在全球履行责任，才会成为一个全球化的公司。如果你的使命是为自己赚钱，那你永远是一个赚钱的小机器，随时都可能停止摆动。

同仁堂创立于清康熙八年，300 多年来，历代同仁堂人一直恪守“炮制虽繁必不敢省人工，品味虽贵必不敢减物力”的传统古训，树立“修合无人见，存心有天知”的自律意识，确保了同仁堂金字招牌长盛不衰。

每次读到同仁堂这两句古训的时候，我都会心生敬意。我相信这就是利他之心的力量所在，几百年之后仍然掷地有声。

如果企业家们能够认识到自利利他的价值，并借此构筑利他竞争力，相信企业的平均寿命会有一个大的提高。

欣喜的是，企业的“利他性”认知，在实践中已得到很大的提升，业已成为中国企业的“集体意识”和“行为自觉”。

早在 2007 年 6 月浙商大会上就集体发出了《浙商社会责任倡议书》：

中国经济快速发展，和谐社会建设势不可挡。经济在转型，社会在转型。我们有幸身处这个伟大的时代，我们有幸成为推动科学发展、共建和谐社会的重要一分子。

浙商财富越多，拥有资源越多，肩上的责任就越大。这个责任，不仅仅是财富责任，更是社会责任。

数百万浙商遍布天下，携起手来，就能扛起更为巨大的社会责任，成为推动我国经济社会又好又快发展的一支不可忽视的生力军。

自觉承担社会责任，是时代赋予浙商的历史使命。

为此，在2007浙商大会上，我们向天下浙商发出倡议，郑重作出如下承诺：

改革创新，做强做大。 把企业做强做大，提供更多的就业岗位，创造更多的财富，是浙商的天职。天职在肩，惟有不断进取，不断改革，不断创新；惟有遵循规律，科学决策，健康运营；惟有技术创新，制度重建，文化再造；惟有掌握核心竞争力，勇创属于自己的、民族的品牌。

关爱员工，诚信守法。 商道即人道，赚取人心比赚取金钱更重要。关爱员工，培养员工，维护员工的权益，构建“和谐企业”。诚信守法，遵从商业规则，规范纳税，维护消费者以及所有与企业相关者的合法权益，做一个负责任的企业。

保护环境，节约资源。 企业是环境里的企业。企业赚钱，要“取之有道”。节约资源，保护环境，是企业必须自觉承担的责任；治污减排，降低能耗，是企业应该努力做到的基础“功课”；与自然为邻，交自然为友，是企业与自然和谐相处之道。地球只有一个，她是我们唯一共同的家园。

扶贫济困，热心慈善。 个人财富过多，会成负累，会奴役人性；热心扶贫济困，就是为自己减“负”，就是给自己“治病”。予人玫瑰，手有余香；给予总比索取带给人更大的幸福。财富积累再多，并不给个人价值增加几分；乐善好施越多，则个人实现的价值越大。超越自我，从“功利”浙商向“公利”浙商转变，从企业家迈向慈善家。

修身立业，传承文明。 浙商精神名闻天下，但我们不可自满、自傲。善于学习，修身养性，塑造品格，才能长久立业助天下。浙江文化，工商优先，义利并举，先义后利，天下浙商有责任在科学发展的大潮中创造出新时代的商业文明，有责任成为传播新商道的使者。

我们知道，承担社会责任意味着更高的成本投入，但只有当企业目标和社会发展目标相一致时，企业发展才有持久的竞争力。

浙商在转型，浙商在超越。哪里需要有人承担社会责任，哪里就有社会责任感的浙商群体。天下浙商，一起努力，让我们的企业更健康，让我们的社会更和谐，让我们的国家更富强！让浙商成为一个最富有社会责任感、最受人尊敬的企业家和商人群体！

29

生命的坚忍：过冬的本领

2008年美国金融危机爆发后，阿里巴巴当家人马云在发给员工的《冬天里的使命》内部电子邮件中写道：

“一个伟大的公司绝不仅是因为能抓住多少次机会，而是因为能扛过一次又一次的灭顶之灾！”“冬天并不可怕！可怕的是我们没有准备！可怕的是我们不知道它有多长，多寒冷！机会面前人人平等，而灾难面前更是人人平等！谁的准备越充分，谁就越有机会生存下去。”

在“冬天”里如何生存下去？这已是一个面向企业的公共命题。

稻盛和夫曾给出了“五次经济危机的五点经营对策”：

全员营销

萧条时期,全体员工都应成为推销员。在不同岗位的员工,平时都会有好的想法、创意、点子,这些在萧条时期不可放置不用,可以拿到客户那里,唤起他们的潜在需求。号召对营销完全没有经验的现场生产人员"去卖产品",过去向人打招呼都会脸红的人、只会埋头现场工作的人也要去拜访客户,这样拼命争取客户的订单。

正是在萧条期让全体员工都懂得要订单有多难,经营企业有多难,特别是营销部门以外的干部,让他们有切肤般的体验是很重要的。

全力开发新产品

萧条时期客户也会有空闲,也在考虑有无新东西可卖。这时主动拜访客户,听听他们对新产品有什么好主意、好点子,对老产品有什么不满或希望,把他们的意见带回来,在开发新产品和开拓新市场中发挥作用。

彻底削减成本

人工费不可能随便降低,因此除了提高每个人的工作效率外,一切都要重新审视,各方面的费用都必须彻底削减。不仅是制造设备等硬件,在组织的统合、废除等软件方面也要动手术,彻底地合理化,坚决削减成本。抓住萧条这个机会,花心血与员工共同努力,彻底削减成本:“把走廊里的灯关掉”,“把厕所里的灯也关掉”,不断采取切实的措施。

保持高生产率

必须在萧条期仍然保持高生产率,这一点非常重要。石油危机时就发生过这样的事情。稻盛和夫决定,既然订单降至 1/3,那么制造现场的人员也减至 1/3,剩下的 2/3 的人员从生产线上撤下来,让他们去从事生产设备的维修、墙壁的粉刷、花坛的整修等工厂环境的美化工作。同时举办哲学培训班,让员工们重新从根本学习我的经营哲学,使企业内全体员工掌握共同的思维方式。

构建良好的人际关系

萧条这种灾难到来时,本该齐心协力克服困难,但往往就在这时员工却众叛亲离,导致公司分裂,甚至企业崩溃散伙,常有这样的事情发生。企业里这种人心混乱的征兆稍有显现,经营者就应该认真地反省。与员工重新建立信赖关系该怎么做才好,要与员工坦率地交换意见。

除了这五条对策,稻盛和夫还提出要事先做准备,这一点主要讲的是你要做一个高收益的企业,你利润只有 3%的话,在经济危机中肯定是很危险的。稻盛和夫通常是把企业的利润率控制在 30%～40%,就是利润降了一半也还是能赚到钱。同时他把经济好时的钱储备起来，哪怕突然出现经济危机，哪怕两三年销售大幅下滑，企业也不会面临倒闭，同时会用资金在低迷时期以很低的成本进行一些布局。

另外，从历史上看一些日本长寿企业主要依靠专注本业度过了“寒冬”危机。

1610年，竹中藤兵卫在名古屋创办了竹中工务店，当时定下的原则是：“不投机取巧，不靠稀奇古怪吸引世人眼球，致力于建造优质建筑”，此后400多年来，公司一直埋头专注于打造优质建筑，后来遭受泡沫经济的影响小于其他企业。

同样躲过一劫的还有创办于1901年的日本知名面包店中村屋。其创始人相马爱藏坚持“不管遇到什么事，绝不插手大米期货市场和股票市场”。在这样的理念指导下，中村屋在泡沫经济时期有效规避了扩张的风险。

国誉株式会社（KOKUYO）是日本家喻户晓的办公用品供货商，由黑田善太郎在1905年创立，最初仅生产日式账本封面，如今的业务范围已扩至西式账本、传票、便笺、文具等，但一直都围绕办公用具展开。

坚守本业是日本长寿企业的普遍共识。日本财经媒体人岸宣仁指出，日本长寿企业的领导者们通常都非常质朴和认真，大都不会随意涉足多元化的业务领域。他们通过时间、精力、诚信的长期巨大付出，去争取广大客户和整个社会的信赖，并以此作为抗击风险的最佳方法。

当然，降低风险的同时，专注往往意味着要放弃某些潜在的“机会”。不过这种专注的背后，是对浮躁之风的摒弃，是沉静地自我积淀、自我孕育。同时，这种专注也不是闭目塞听、沉浸于自己的世外桃源,而是以静制动,为了更好地伺机而变积蓄力量。

还有,在经济衰退时期,大企业不能轻易降低对创新的投资。例如,杜邦的合成橡胶就是在经济不佳形势下加大投入发明的,后成为了20世纪最重要的创新成果之一,也为杜邦赢得了巨大的市场利益。

当然,对众多中小微企业而言,在寒冷的“冬天”面前,抱团取暖也是一种明智的选择!

切记:企业无法决定外部环境,但可以选择空间;企业无法决定外部走势,但可以改变自己。

据说冬天越是严寒,春天越是樱花烂漫。既然冬天已经来临,春天还会远吗?

信心,更是“过冬”不可或缺的力量!

30

像“泥鳅”一样，做“隐形冠军”

日本原首相野田佳彦之所以在不被看好的情况下胜出，关键的一步，是野田上台争票演讲时，说到要做“泥鳅”，把“泥鳅”政治贯彻到极致。

出处为，野田曾访了小泽派的大管家舆石东，在闲聊时，舆石东不经意地谈到了泥鳅。“我这里有一本相田密（书法家、诗人）写的书，其中有这么一个故事，说‘泥鳅’说了咱没必要学金鱼。”看看日本政界，满目皆是金玉其表的“金鱼”政治家，其外表靓丽却生命力极低，当首相的人一年都坚持不下来。有泥鳅那种朴实而生命力极强的人，在政界少之又少。

由此有感，现在很多企业也是金鱼式，会做秀、善包装，然很多昙花一现，而生命力极强的“泥鳅”式企业却不多。

有位观察者曾对日本一家小企业有如下一段描述：

日本小作坊：诡秘且富进攻性。千年作坊，心灵紧闭、眼观八方，直面深居海洋却资源贫乏的现实，每一个细胞都渗透生存危机感，饱吸一切先进的力量，国弱时卑谦，默取先智，贪婪进化及至超越，常常出其不意地“创造神话”。

这或许是“泥鳅”式企业的一种写照。

换一种说法，行业的“隐形冠军”就是典型的“泥鳅”式企业。

在中欧国际工商学院举办的“2015 全球管理盛典”中，德国著名管理学思想家、《隐形冠军》作者赫尔曼·西蒙总结过往的经验，针对中国的现实，为企业开出了活到 2050 年的七剂药方。其中特别强调未来商业世界取得成功，依赖隐形冠军。

他说：在中国 68%的出口额是由员工数不到 2 千的企业实现的，在德国大约有 70%的出口额是我们所说的中小型企业实现的。这些企业就是我们说的“隐形冠军”。

“隐形冠军”的企业要具备三个条件：全球排名前三或所在大洲排名第一、营收低于 50 亿美元及在公众中知名度不高。过去 25 年，我收集了全世界 3 千家隐形冠军公司的数据，这个是按照国家来分的，德国是拥有隐形冠军数量最多的国家，再来看一下人均，每百万居民拥有的隐形冠军的数量，看德国又是遥遥领先的，其实这才是德国经济增长背后的推动力，这也是为什么德国在出口方面表现得如此优异的根本。

这些隐形冠军都会为自己设定非常宏伟的目标，我这里指的是包括增长和市场领导方面的宏伟目标。Enercon 是风能技术方面的领先者，在 20 年之前它的收入只有 1 亿，但是现在已经接近 70 亿的规模；

做物流的Knorr，它也是做铁路、卡车的，过去是5亿，现在是50亿了，也就是过去规模的10倍，他们都是为自己设定了宏伟的目标，要成为冠军。

他们的第二个目标是市场领袖，他们成功预测客户的期望，并由此占据领先地位，领先意味着成为别人的标杆，他们是全球市场中的标准制定者，为客户创造终极价值。他们已经远远超出目前市场上的需求，他们始终着眼市场的未来需求。他们要追求的不仅仅是最大的市场份额，而是要引领市场，设立标准，要去预测未来的市场发展方向，要有宏伟的目标，要成为市场的领袖。

另外，隐形冠军是实实在在地以质取胜。为保证终端产品要有超高的品质，你在价值链上就必须挖掘得非常深，这样才能有自己独特的工艺、独特的机械，控制自己的原材料，这样就能够带来终端产品的卓越品质，你要挖掘的更深，就意味着你有独特性，有超高的卓越性。

隐形冠军往往专注于一个细小的领域。专注当然也是会有自己的弱势，也就是你的市场会比较小，但全球化带来了更多机会。

据西蒙的研究，隐形冠军跟普通公司或者和全球100强的企业相比，他们在研发上的投入更多，是一般公司的两倍。从每一千名员工拥有的专利数量来看，隐形冠军的企业每千名员工拥有31个专利，而大型企业只有6个。所以他们单位员工的产出率要比一般的公司多出5倍，而且专利的成本只是一般企业的1/5。隐形冠军企业和大型企业之间在创新方面的巨大区别在于，把技术和客户需求相结合，这是非常重要的，也就是说你不仅要开发产品，而且要通过技术更好的满足客户的需求。隐形冠军当中65％的企业都认为他们很好的满足客户的需求，而且把客户需求和技术相结合，而这一点当中，只有19％

的大型普通的企业才做得到。所以是要为客户创造价值，那些隐形冠军企业的战略是价值主导，而非价格主导，并且他们不仅仅是产品非常优秀，服务也非常优秀。贴近客户也是隐形冠军显著的优势，88％的隐形冠军说这是他们最大的优势，我们发现，38％的隐形冠军的员工经常接触客户，而大型企业只有 8％。

再有，隐形冠军领导者掌权时年纪较轻，而且在这些公司中，高管中女性占比比较高，在位时间比较长，隐形冠军中这些领导者的在位时间是平均 20 年，而西方大型企业平均只有 5.2 年。隐形冠军的员工们一个人能干好几个人的活，这样他们的员工才比较少，这就是生产率。另外这些企业都有高绩效的文化、高业务的素养，人才流失率很低，而且对于这些隐形冠军来讲，在职的培训是非常重要的。在隐形冠军的企业，隐形冠军离职率只有 2.7％，而德国的平均水平是 7.3％，而美国非常高，高达 19％。

31

破解企业的死亡法则

据报道，美国新墨西哥州圣菲研究所的一个科学家小组经研究发现：上市公司因并购、破产等原因而消亡的速度完全相同，且与其声望和所属行业没有关系；公司以往的业绩，甚至产品，对公司死亡率并无影响；这一神奇的数字约为 10 年。

这项研究成果刊登在月刊《Journal of the Royal Society Interface》上。研究小组由三人组成，以马德琳·德普为首，当时她还是一名本科生研究员。指导该小组的有博士后研究员马库斯·汉密尔顿、路易斯·贝登古尔教授和特聘教授杰弗里·韦斯特。

研究小组分析了标准普尔的 Compustat 数据库，后者囊括了 1950 年以来所有的上市公司。德普采用的方法叫做生存分析。

有关该结论背后的原因并不属于他们的研究范围，但这些研究者猜想，生物体系以及资源竞争或许能提供某些答案。这与英国 Rt-

Catch研究项目不谋而合。

事实上,英国RtCatch研究项目已经把这一课题坚持了数十年,该项目汇聚了欧洲20多位组织行为学、心理学、统计学等领域专家、教授,在国际间广泛合作,收集分析并追踪企业发展数据。RtCatch研究者认为企业内部就是一个生态系统,构成这个生态系统的正是企业中的各个岗位和所有员工,用英国RtCatch研究会40多年的研究成果来阐释,就是企业人才生态圈。

该研究成果表示,企业的命脉决定于企业的人才结构,企业是宏观抽象的,而人才是具体的,是实际可控的,人才—团队—系统—企业,这是一个完整的企业生态圈层级,根据2100万的数据模型,RtCatch主张从7个维度对企业进行诊断和理疗,即行为、信心、沟通、能量、心情、共识、风险七大方面。

当从7个维度把企业生态圈完善运行起来,这个企业就进入一个良性可持续发展的状态,每个流程环节都透着健康、乐观的正能量,不论是在哪个领域遇到什么问题,一个健康稳固的企业生态圈都是有足够力量抵抗危机的。

国内知名专家锡恩管理咨询公司总经理姜汝祥另有高见,他认为:历史早已证明,世界一切优秀公司的成功,无疑都是产品生态、组织生态与文化生态协调的结果。

所谓产品生态主要是由客户与企业为客户提供的产品功能组成,在市场经济体系中,产品生态的轴心原则是"合法性",市场经济下最大的规则就是"效率"。在这种规则之下,产品生态的调节方式是"消除浪费",从本质上说,消除浪费就是效益,即以最小的成本获得最大的收益。

组织生态主要是由企业的权力与地位构成，组织生态的轴心原则是“合理性”，在市场经济体系中，这种合理性体现为，在规定的时间内，员工自愿地把自己的时间与行为的控制权交给企业管理者，同时交易换来经济收入、个人成长以及人际关系的和谐。

文化生态主要是由企业行为的价值所构成。企业为什么要选择这样的行为，而不是那样的行为，本质上，这些选择都代表着企业的价值观。有什么样的价值观，就有什么样的行为。

这三个生态都有着自己独立的轴心原则，都有着自己独立的演化逻辑，相互关联、相互促进、同时又相互矛盾，而正是这些矛盾、冲突与融合，决定了一个企业在整个市场经济中的未来。

企业的产品生态系统创造的是资本家，企业的文化生态系统创造的是艺术家，企业的组织生态创造的却是政治家，他们都在贪婪地创造着。资本家创造利润，政治家创造权力与地位，而艺术家则创造着“自我放大”。

在每一个失败或死亡的企业的尸体上，我们都见证着资本家、政治家与艺术家之间的战争。比如通用公司在金融危机中的破产，便是死于组织生态与文化生态，员工把自己当成“政治家”、“艺术家”，追求权力与地位以及自我放大的结果，使企业走向衰亡。

另外，关于中国民企的死因，近年来有还有不同的研究和多种说法。

马云的湖畔大学研究成果是：一是政商关系；二是乱集资；三是商业竞争。

也有专家学者总结为：战略迷失、多元陷阱、核能缺失、政商关系、媒体围剿。

更具体的有：

- 淹死——国际化浪潮来袭
- 斗死——恶性竞争中败北
- 卡死——政策限制、采购指定
- 胀死——盲目多元化消化不良
- 挤死——专业化之路越走越窄
- 老死——创新的发动机熄火
- 饿死——缺资金、贷不到款
- 等死——现金流断裂
- 冤死——在舆论中沉沦
- 拖死——管理素质跟不上
- 折腾死——制度朝令夕改
- 冻死——倒在危机的严冬
- 病死——病了找不到医、找错医

我的总结是：

■ 战略失准	■ 决策失慎
■ 投资失误	■ 发展失稳
■ 关系失衡	■ 竞争失策
■ 市场失信	■ 舆论失察
■ 管理失本	■ 文化失魂
■ 股东失和	■ 用人失当
■ 资源失优	■ 创新失能
■ 大局失控	■ 应对失效

32

有多少企业和企业家可以重来

这年头，人们已数不清有多少企业和企业家被市场打败，有的已一去不返，但也有一些重回江湖，且让人刮目相看。

万科的王石说过：衡量一个人成功的标志，不是看他登到顶峰的高度，而是看他跌到低谷的反弹力！

企业、企业家何以能够反弹？

史玉柱显然是一位极具代表性的人物。

他从企业破产、负债 2.5 亿到成功翻身，身价达 500 亿，成就了一段中国式的商业传奇。

史玉柱，1962 年出生在安徽北部的怀远县城。1980 年，史玉柱以县状元的身份考入浙大数学系，毕业后分配到安徽省统计局。由于工作出色，被送往深圳大学进修。

读完研究生后，他决定辞职创业。飞往深圳时，他的家当只有东挪西借的4000元钱，以及耗费9个月心血开发出来的M—6401桌面排版印刷系统。

1989年8月，他利用《计算机世界》先打广告后收钱的时间差，用全部4000元做了一个8400元的广告："M—6401，历史性的突破"。4个月后，他赚了100万元。拿着这笔钱，他以"蓝色巨人"IBM为目标，创办了巨人公司。到1993年7月，巨人集团已成为全国第二大民办高科技企业，拥有M—6405汉卡、中文笔记本电脑、手写电脑等5个拳头产品。

1994年初，珠海巨人大厦动土。这座最初计划建18层的大厦，在众人热捧和领导鼓励中被不断加高，最后升为70层，号称当时中国第一高楼，投资也从2亿增加到12亿元。

同样是1994年，史玉柱发现，计算机发展日新月异，汉卡已经失势。他盯上了保健品，脑黄金项目开始起步。

1995年，巨人发动"三大战役"，把12种保健品、10种药品、10多款软件一起推向市场，投放广告1个亿。史玉柱被《福布斯》列为大陆富豪第八位。

1996年，巨人大厦资金告急，史玉柱将保健品方面的全部资金调往巨人大厦，结果保健品业务迅速盛极而衰。

1997年初，巨人大厦未按期完工，债主纷纷上门，巨人现金流彻底断裂，巨人大厦停工。"巨人倒下"，负债2.5亿元的史玉柱黯然离开广东，"北上"隐姓埋名。

幸运的是，受到重创的史玉柱，除了缺钱外，似乎什么都不缺——二十多人的管理团队，没有一个人离开。为了尽快还债，他决定做市场大、刚起步的保健品。

1998年，史玉柱找朋友借了50万元，开始运作脑白金。他选择江阴作为东山再起的根据地。江阴是江苏省的一个县级市，地处苏南，购买力强，离上海、南京都很近，但广告成本相对低廉。

项目启动前，史玉柱做了一次“江阴调查”，他挨家挨户找老人聊天，“吃过保健品吗？可以改善睡眠，可以调理肠道、通便？你想不想吃？”老人们说，他们想吃，可舍不得买，只会把空盒子放在显眼地方暗示儿子。

史玉柱敏感地意识到其中大有名堂，他因势利导，后来推出了家喻户晓的广告“今年过节不收礼，收礼只收脑白金”。

脑白金以“大赠送”的形式正式启动。不少江阴老人吃完后，拿着空盒跑到药店去买，越买不到，问得越起劲。正当药店为只见空盒不见经销商上门的脑白金犯愁时，脑白金的广告“闪亮登场”。江阴市场就这样打开了。

此后，史玉柱如法炮制攻下一个个城市。到2000年，公司创造了13亿元的销售奇迹，成为保健品状元，并在全国拥有200多个销售点，规模超过了鼎盛时期的巨人。

3年不到，史玉柱又重新站了起来。2000年秋天，他还清了全部债务，不再是“中国首负”。

史玉柱的故事给我们有哪些启示？

还是让我们一起听听史玉柱自己发自内心的告白：

创业初期必须聚焦到极致

创业初期，需要聚焦聚焦再聚焦。因为万事开头难，开头的时候，一定要把每一件事准备的充分，做得十分完美，无法再优化，这样的话就有可能你创业的起步才可能是成功的。

巨人刚创业的时候，我们产品其实就是一个软件，还没创业，提前一年，我就在那开始准备软件，在那编软件。为这个软件，在这个问题上真正聚焦了一年，这一年我什么事也没做，这一年还没考虑创业的问题，还没考虑组织架构的问题，还没考虑招聘的问题，我是我们公司唯一的研发人员，我当时也是我们公司唯一的员工，差不多用了一年的时间，去准备，聚焦在我们的产品上面。

一年下来之后，我自己觉得这个软件差不多了，应该是有市场了，我就到了深圳，下一个阶段就是销售了，这个时候就开始招了两个人，先两个人，后来四个人。我主要抓广告。当时因为我也是一个理科出身，也不懂怎么做广告，自己就起草了一篇广告文案，那个广告文案有两千字以上。我那时候没钱，做广告只能做小报的四分之一版，那个文字还是放不下，又精简，这个精简的过程也是对广告文案优化的一个过程。这个文案差不多我用了半个月的时间，这半个月聚焦在广告文案上，最后终于把它能装在小报的四分之一版里面去了。做出去之后，效果还是不错的，就开始有订单，就有人买我那个软件。

在创业初期的时候，一个人，一个时间点只能干一件事，不能干两件事，干一件事，就是聚焦聚焦再聚焦。

随着队伍的建设，我们的销售额又进一步的扩大。在此之后，我们的产品，我们的市场出现了一个新的竞争对手，金山汉卡，它的水平比我们高，这时候我又回过头来去聚焦到研发上，销售管理这些我又不管了,我带着十几个团队,到大学封闭起来,又进行了大半年的时间的研发,研发出了 M6403,这个产品应该是又超过了金山汉卡,这个产品成功,M6403 把巨人的规模一年千万计的销售,提到以亿计了。

成功之后更要正确认识自己

一个企业家,一个领路人和一个团队,最难认清的是自己,尤其是取得一定成绩了之后,对自己是最认识不清楚的。

巨人当年取得了成功之后,我的团队——主要是我,开始觉得自己本事挺大的,想做的事真的做成了,再做事我也能做成,把自己的能力过高估计了。

第一阶段为什么会有聚焦,是因为自己觉得自己不行,觉得自己不行,你就要加倍的努力,所以就会出现不断聚焦聚焦再聚焦,当第二个阶段自己取得一定成功的时候,就觉得自己什么都能做,以为自己比别人强了,这时候就开始要犯错误了,就认不清自己了。

脑黄金成功之后,我们的队伍、我本人就彻底忘乎所以了。我们做第二个又是成功的,那就开始一发而不可收拾,所以我就组织了三大战役,三大战役:保健品、药品和软件。在组织三大战役的同时,又拓展了新的领域,化妆品领域、服装领域,当时传销是违法的,还成立了一个传销部。

因为我们这么的忘乎所以,所以投了这么多项目,现在回过头来看,(但凡)懂点管理学,懂点企业运营,这样做只有一个结果,只有失败,因为你没有那么多人才,因为你没有聚焦,因为你的人力财力物力,各个方面都跟不上,因为一个项目要做成功,你的研发要做到一流,你的营销要做到一流,你的管理团队要做到一流,你的激励机制要跟上,你的财力要跟上。我们做了那么多,一个都跟不上,所以一个月，三大战役，第一个月我们投了五千万的广告费打水漂了。

我们三大战役广告，我现在有几个印象比较深的，一个是上面一排汉字是“巨人大行动”，下面就是一排巨人手拉手往前走，那时候年轻，也狂妄，人的选择上面就有问题，现在这个广告肯定不给登，有马克思、邓小平、毛泽东，还有爱因斯坦。一排排巨人手拉手往前走。这个广告被叫停了，叫停的理由是我们一排排伟人往后走，第二排留了很多人的脑袋，有个脑袋秃头，上面有个地图，这个问题也不大，因为这是戈尔巴乔夫，还有一个脑袋出问题了，人家的头发是从左往右梳，那个头发是从右往左梳的，这个问题大了，这是希特勒，这个广告被叫停。

我们的5000万广告砸下去，基本上都是属于夺人眼球，而不是宣传产品。还有一个广告，B—52轰炸机，从上面掉下来三排炸弹，一个炸弹接一个炸弹往下掉，每个炸弹有产品，一行是保健品的，脑黄金、巨不肥、巨人补钙一串的，还有药品、软件。

一个月5000万广告砸下去了，第二个月3000万砸下去了，小一个亿就没了。这时候我们管理还不到位，广告打出去了，产品还没生产出来，除了脑黄金已经在生产了，其他的产品没生产出来，广告就在那打，广告一叫停，我们产品出来，没广告了。我们的资金就紧张了，资金更紧张的原因我们盖了巨人大厦，巨人大厦投资12亿，我们只有两亿的资金，还要去搞产业，很自然的，我们的钱就不够了，所以巨人大厦最后没盖起来，现在还在那放着，是个烂楼。

巨人很快陷入了低谷，巨人一下从悬崖上坠落了。

我们上得很快，用了快三年时间爬到山上去，从悬崖上掉下来，一个月就掉下来，虽然没摔死，一下就摔昏迷了，休克，整个公司1997年

1月份一下就休克了,这个根源出在哪?

真正的原因就是我们已经不能正确的认识自己。取得一定成绩的时候不能正确的认识自己,不能正确的评估自己和自己团队公司的能力,狂妄自大。

因为成功是一个包袱,所以中国的古话这么说,失败是成功之母,这个是对了,失败了之后,你总结的教训往往是真实的,往往是有意义的,往往是让你提高的。成功的时候做广告,其实就是忽悠人,包括我现在,成功的时候做总结,往往不扎实,在天空上,不接地气去总结,好高骛远,过高估计自己,所以成功者的经验报告要少听。

失败是成功之母,但是成功又是失败的爸爸,成功之后很容易失败。这是我谈的第二个感悟,关于成功之后正确认识自己的问题。

当断则断

我失败过程中的另一个感悟就是当断则断。我们失败了之后,已经不行了,摔休克了,这时候哪个产业还不舍得放,还想去救它,还想去借钱去找生产资金,去打广告,队伍建设还去投钱。

巨人大厦到处去找人想办法引资,所有的这些努力,我们差不多努力了9个月,1997年1月份到9月份,从下雪一直到秋天的时候,一直在忙忙碌碌。我那时候还整天到处飞,美国就飞两次,美国有人说投资,跑过去了,一去发现是骗子。这时候,不敢面对现实,我们当时有20、30个项目累计起来,每个都想去保。如果刚摔倒的时候,如果保一两个项目,那一两个项目有可能保下来,每个项目都想保,其实最后一个都没保住,我们每个项目,包括巨人大厦,一个都没留下来。当你发现你的一个项目,你的一个产品,趋势不行了,销售趋势不行了,你的队伍不行了,如果下个阶段没得救,不管你有多大损失,赶快把它砍了，当断要断。

创业就怕老板架子大

重新创业，我们选了脑白金，我的感悟就是创业初期，一把手要亲力亲为，别上来一个很小的公司，一把手就想坐在老板椅上去当管理者，现在有PE了，有很多人，我有好想法，引来钱，我做个管理者，自己却不去抓研发和市场，这种失败率是非常高的。

做脑白金，我又回到第一次创业的状态，我们之前的失败，是太惨的失败了。失败的是轰轰烈烈，在半年之内，全国网上搜到了有两万篇对我们的负面报道，全中国人民一下都知道巨人了，巨人本来知名度就够高了。当时反差特别大，媒体就猛炒，我们失败就非常的惨，现在我出门老是戴墨镜，就是那个时候养成的习惯。

就是因为惨，它带来一个好处，在总结自己教训的时候很深刻，所以又把自己打回了创业初期的那种工作作风和工作状态。做脑白金的时候，我们没有钱，我们还背着2.5亿的负债，那时候的2.5亿比现在的25亿值钱。真的是没有钱，在这种情况下怎么去创业，怎么能创业成功？其实自己和我们留下来的骨干认真、反复的讨论过，思考。

所以公司就怕老板架子大，为什么大公司会犯很多毛病，大公司为什么没有创新力，创新力为什么都在小公司。其实原因有很多方面，其中一个方面，我觉得还是一把手是不是在干活，而且干的是不是最重要最关键点的活。一把手领导全面没问题，但是也得干当时关键点的工作，你自己要亲自干，否则的话，这个一把手不称职。

找到热爱，和用户在一起

我再说一些征途公司创业的感悟。第一个感悟，你从事创业的内容，是你的热爱，是你的最爱，我觉得你就能成功快一半了，因为你把工作当作乐趣，没人用鞭子抽你，你就想去干这个活，对创业感到非常受用。因为脑白金成功之后，我买了一堆银行股，还是法人股，也没什么事，整天玩游戏，一下我迷进去了，上班的时间，在那玩，一听到敲门赶快把屏幕关掉。

那时候我喜欢游戏，后来干脆我就不上班了，不到办公室去了，我就在家，在家没人管我，因为玩游戏，玩了有一年，后来正好盛大有一个团队，有几个人，找投资的，我们一看，喜欢这个东西，就投资了，这个项目投资了两千万。大概不到一年的时间研发出来了，我本来是玩盛大的游戏，后来盛大把我的号封了，所以我又玩征途了。因为我玩盛大的游戏，我已经是一个地地道道的玩家了，我跟玩家每天待的时间很长，我知道他们喜欢什么，我知道他们讨厌什么。

我们的《征途》刚研发出来的时候，我就提出来，这个应该这样改，我的团队还不接受，你不懂，这个游戏是有规矩，是有规则的，你破坏规则。

比如我自己玩游戏的时候，打怪、砍怪，一砍砍到早上7点钟，太阳出来了，多累，手不停的，砍完之后，再刷怪，就有经验，有时候累得真的不想玩了，怎么办？我雇秘书，我刷怪，我让秘书你帮我刷怪去，要打架了，给我。我知道我们的玩家多么累，我提出我们的刷怪，能不能搞个键，搞完之后这个人就找离自己最近的怪砍，砍完之后，再找最近的砍下去，开始大家不接受，一堆理由，最后也被我说服了，然后我们的玩家真开心，因为不用这么累了，至少吃午饭的时候，可以吃午饭了，按个Ctrl+Z就可以吃午饭了。晚上一个人在那看着，其他人都睡觉了，第二天精神饱满，可以打架。

站在玩家的角度，一旦你喜欢上以后，你的投入度很高，高到一定程度，不是把它作为一个简单的工作，尤其不是一个应付。我每天去玩这个游戏，玩了半年，太阳出来之前，从来没睡过觉，玩的过程中，我在电脑边上有张纸，有什么感悟马上记下来，第二天有什么修改的，包括数值，哪个地方数值不好，哪个功能要修改，第二天让研发团队做。有的问题太严重了，我有时候半夜叫他们起来去改。

我们研发团队这时候也从做传统的《传奇》这个产品系列的思路，跳出来，因为我们站在玩家的角度，就开始有很多创新。所以《征途》的成功，其实你说它功能多，它的功能不是特别多，你说我们的运营效率高，我们运营效率不是最高的，但是我们有很多创新，其中一个创新是我们团队最早提出来一个多国的概念，一个服务器一个国家，七个服务器七个国家，然后打国战，小的创意有很多的，归结起来有上百项。我在玩这个游戏，也逼着我们的团队玩这个游戏，我说你不是一个喜欢游戏的人不应该来我们公司，包括扫地的阿姨也在玩这个游戏，自己本身就是一个玩家，在这种情况下，你的创新往往是切合实际的，是有效创新，而不是搞破坏。

在这种环境下，《征途》起来很快，投放市场才几个月，我们月销售收入就上亿了。这个和我当初总结做脑白金一样，我们的工作做得扎实。网游这个产品做扎实，其中一个重要的前提，你是要了解你的消费者。做脑白金也要了解消费者，只不过了解的方式不一样，你要跑到农村去找老太太聊天，你了解消费者你要自己是一个消费者。

我们这个团队都有这样的爱好，都是个游戏狂人，我觉得获得成功，我们《征途》成功有很多方面，这个是最重要的因素。

后面《征途》的故事大家都知道了。我最后一点感悟，你从事的事业最好是你的爱好，你的最爱。再有就是消费者，什么都离不开消费者，全国全世界凡是它的研发团队真正重视消费者，走到消费者中间去搞研发的，这种公司往往成功的多，凡是把自己关起来，和消费者隔绝，往往不会成功，消费者才是自己的衣食父母，消费者是你未来成功的命脉。

宁可慢一点，资金链一断就完蛋

下面我谈点投资方面，我在投资上交过学费，也有过成功，投资控制风险往往是第一位的。凡是搞投资不能赌，前段时间我赌成功，也赌失败过，要搞投资，风险要控制住。从事投资类的企业，它的负债率很关键，像巨人大厦倒掉前期，我们的负债率非常高，我们后来搞脑白金的时候，我们负债率是0，不需要银行贷款，要钱，我在市场多卖点，钱就来了，征途也是不负债的一个企业，搞投资多少会负点债，一个企业负债率不能太高，太高真是要出事。

过去十年中国的著名企业家，被抓起来的，坐牢的，最知名能找十几个，再加上一般的，能找到50、60个，他们每个人坐牢的理由不一样，有金融欺诈，各种罪名，你仔细看，它的本质就是资金链条断了，资金链条一断，在我们国家的现行法律上，撞一条就进去了，这些人出事最根本的原因，就是资金链绷得太紧，负债率太高。有钱了，如果要搞点投资，杠杆还是要少用，我用过杠杆，还是挺危险的。因为企业成功不是靠赌出来的，杠杆太高就是赌博了，负债率低一点，可能会慢一点，但是安全。所以搞投资，最大的教训就是要控制自己的负债率，控制自己的杠杆。

当然，史玉柱的故事或许只是一个个案，我们还应从更多的案例中去发掘“东山再起”的关键基因。

如华为的任正非 44 岁，经营中被骗了 200 万，被国企南油集团除名。曾求留任遭拒绝，还背负未还清的 200 万债，此时，妻子又要求离婚，被迫一个人带着老爹老娘弟弟妹妹在深圳住棚屋。

然而 1987 那年，任正非自我创业，筹集了 21000 元注册了一家名叫华为的公司，如今华为已成为年销售规模超过 2880 亿人民币的世界 500 强公司，站到了行业世界第一的位置。

对此，任正非说："我不觉得跌倒可怕，可怕的是再也站不起来！"

还有褚时健，红塔集团原董事长，曾经是有名的"中国烟草大王"。1994 年，被评为全国"十大改革风云人物"。

1999 年 1 月 9 日，71 岁的褚时健因经济犯罪，坐牢并被判处无期徒刑、剥夺政治权利终身，女儿也因此自杀身亡。

2002 年，保外就医后，与妻子承包荒山开始创业种橙。84 岁，他的果园年产橙子 8000 吨，利润超过 3000 万元。一时，"褚橙"品牌享誉天下。

2014 年 12 月 18 日，褚时健荣获由人民网主办的第九届企业社会责任奖——特别致敬人物奖。

另外，太平洋建设的严介和也是一个极具"观赏性"的案例。

据我的观察思考，我觉得企业家的再生基因有以下几个特性：

第一，不甘心——不愿平凡，想做事，即使失败了也要再来。

第二，有志气——不服输，人生有追求，心中有大目标。

第三，有忍心——杠得住压力，忍得住寂寞，受得了委屈。

第四，有魅力——有鼓动性，个性鲜明，能凝聚人。

33

华为会不会倒下

华为会不会倒下

之所以提这个问题，是因为有一本被华为官方认可的书，书名叫《下一个倒下的是不是华为》卖得很火。书中间接地列举出了华为不会倒下、或者说之所以不倒的种种“理由”，读来令人产生对华为的更多崇敬。

那么华为真得是否会倒下？华为是如何活下去？

解铃还需系铃人。

2014 年任正非在一次座谈会上如是说：

我们会怎么失败，华为会怎么垮掉

历史上多少大公司是在非常成功之后走向大衰弱。70 年代日本电子工业很成功，钱多到可以把美国买下了。日本在模拟电子上很成功，但在数字转型的时候保守了，让美国超越了。美国CT领域也保守了，被华为超越了，但后来，美国又从IT领域重新打回CT领域，今天甚至可能颠覆CT领域。

MOTO是蜂窝移动通信商用系统的发明人，模拟时代太成功了，就在数字化时代退出了市场。北电10G太成功了，却错失了40G/100G的转型。过去的AT&T为什么失败？他判断这个世界以2M带宽为通信带宽基础的，这里指的话音时代，他们没有想到大数据时代，当然我们当时也没有完全想到。现在带宽的需求是被压抑了，压抑后我们就一厢情愿的认为越宽越好。那是不是越宽越好呢？

我们怎么能对应这个时代？我现在不知道。当我们最早提出管道概念的时候，大数据的思维描述刚发育，管道有多粗，流量有多大我们还不知道。我觉得无线比有线更有希望搞明白最终客户需求，因为无线在离客户最近的地方，比较贴近人的基本需求。

现在成功的过程中，哪些东西会构筑我们的死亡？蜂窝当初是为了适应话音时代的而设计的覆盖方案，可能无法支持高密度的数据覆盖。但高密度覆盖的基本方式是什么，什么带宽是大量最终客户的基本需求，我真的不知道，如果你们技术假设思想错误了，我们发出去几十万个基站了，我们升不了级了，怎么办？这个时候越成功就构建了我们越大的历史包袱。未来有很多不可预知性。哪怕我们几十万基站已经下去了，只要我们率先比别人知道了，早一点知道我们错在哪，就可能早一些避开失败的轨迹。丁耘说要5M或10M无缝覆盖，也许有道理。

我们在追赶的时候是容易的，但在领队的时候不容易，因为不知道路在哪儿。我当年精神抑郁，就是为了一个小灵通，为了一个 TD，我痛苦了 8 至 10 年。我并不怕来自外部的压力，而是怕来自内部的压力。我不让做，会不会使公司就走向错误，崩溃了？做了，是否会损失我争夺战略高地的资源。内心是恐惧的。TD 市场刚来的时候，因为我们没有足够的投入，所以没有机会，第一轮招标我们就输了。第二轮我们投入了，翻上来了；第三轮开始我们就逐步领先了，我们这叫后发制人战略。但那 8 年是怎么过来的呀？要我担负华为垮了的责任，我觉得压力很大呀，这么多人的饭碗要敲掉了。因为不知道，所以很害怕，才很抑郁。

现在你们也是高处不胜寒。无线走到这一步了，下一步要怎么走。到底我们将来技术思想是什么？技术路线是什么？我们假设这个世界是什么？我们假设对了，我们就正确了，可能也就成功了。我们假设错了，那我们可能就会进入类似北电、MOTO 一样的衰退。

思科在全世界 IP 是独树一帜的，多么先进。它在核心路由器上的一个投资错误就被华为超越了。那你以为华为就不会被别人超越吗？所以我们应该在最好最繁荣的时候讨论华为的崩溃和衰退，也许能找到一条路来。我们不知道客户需求是什么，预见客户的需求都是鱼翅燕窝，如果客户的基本需求是麻婆豆腐怎么办呢。我们鱼翅燕窝做了一大桌，但人来了只吃麻婆豆腐怎么办呢？怎么知道无线带宽的最佳需求到底是多少呢？这一点我也不清楚，就多听听专家们的意见。

把握客户的真正需求，坚持主航道的针尖战略

我们的客户应该是最终客户，而不仅仅是运营商。运营商的需求只是一个中间环节。我们真正要把握的是最终客户的需求。最终客

户需求到底是什么？怎么引导市场的需求，创造需求。不管企业、个人市场……，真实需求就是你的希望。

未来世界信息的发展是无穷无尽的。互联网时代不是指网络，一定不要把互联网时代理解成了网络时代。互联网已经成了人们的基本需求，网络只是一个承载工具，端到端连起来，老百姓也是互联网的组成部分。瓦特发明了蒸汽机导致了英国的工业革命使得英国强盛，但蒸汽机不是基本需求，只是代表水的动力发生转变，因此它只是一个工具。网络这个工具和蒸汽机一样带来世界整个生产方式的改变。

将来像太平洋这么粗的数据流量，核心交换以什么方式？谁占据了制高点？但不要以为核心层是制高点，所有不可替代层都是战略制高点。前年我们决定让日本的能力为我们所用，在日本建立一个终端工艺研究所，把日本短薄精小的工艺能力聚集起来了，日本研究所就做得很好。我们在日本构建大规模的工艺能力，应用软件让想象丰富的中国人来开发，正好对应人们未来对软件的需求。这两个能力结合起来，世界不就是你的了吗。

现在有人在网络上描述华为的战略是针尖战略，我认为他说出了真理。我们收窄战略面，在针尖领域，踩不着别人的脚。我们在主航道上是针尖战略。针尖战略就是冲到最前面。不与别人产生利益冲突。

ICT 融合是否真正的合乎未来我不知道，但有两个问题可以假设：干线传输一定是以 CT 形式，一定要及时、可靠和准确。但接入层应该是可以允许有错误、丢包。前段时间听说我们是用 CT 的数据传输方式研究图像，我认为这样做肯定不行，交易数据的传输不能出现差错，否则你的钱就到我的口袋，但是图像的传输是允许有误码的，掉了几十帧，图像就瞬间模糊一下，人们并不会要求图像一个码不能错。分清楚在接入系统中基本需求和非基本需求，非基本需求不需要这么严格，但基本需求不能有错误。所以我才讲，汽车必须是汽车，首先做出来要是汽车；豆腐一定是豆腐。

我说ICT融合是公司的命题，但是否正确还需要斟酌。在无线覆盖方式上从外向内攻，是欧洲标准，美国标准是从内往外攻。这是两种技术几大阵营之间的搏击。我认为从内往外攻，从外往内攻，都是正确的，我们必须内也要攻，外也要攻，一定要做到在某个界面上有融合的方式。

走向世界走向开放，一杯咖啡吸收宇宙的力量

我们要从战略格局构建我们未来基本技术理论和思想。我们在无线上数字的突破还是有基础的，但在有线网的数字上投入是不够的。我在莫斯科研究所的时候说，无线数字科学家要扩充到140人，现在是70人。我们在有线网数字家要开始培养，包括引入准博士，在中国也要这样做。

一杯咖啡吸收宇宙能量，你们这些fellow的技术思想为什么不能传播到博士和准博士这些未来的“种子”里面去？你们和大师喝咖啡，现在为什么不能也和“种子”喝咖啡？喝咖啡是可以报销的。别怕说白培养了，不来华为，他总为人类服务的吧？把能量输入到“种子”阶段，这样就形成庞大的思想群。就像一个石头丢到水里面引起波浪一样，一波一波影响世界。你们一个fellow能交5个这样的朋友，一个人几百个的粉丝，一算就影响了多少人。交流也是在提升我们自己，因为我们真的想不清楚未来是什么。

华为公司的圈子还太小，你们这些fellow都不出去喝咖啡，只守

在土围子里面，守碉堡最终也守不住。你们这些科学家受打卡的影响被锁死了，在上研所这个堡垒里面怎么去航海？去开放？航海的时候怎么打卡？发现新大陆怎么打卡？沉到海底怎么打卡？从欧洲通向亚洲的海底有350万艘沉船，那些沉到海底的人怎么打卡？所以，我们的管理要开放模式。

美国人监控我，我说我是一个思想领袖，不是说悄悄话就成功的。我不把我的思想告诉所有人，怎么能成功。公司所有战略都开放到网上了，高端技术诀窍你可以不开放，低端产品可以先在内部全开放，然后开源，再然后……

资本主义就是因为开放走向成功，中国以前闭关自守没有成功，所以我们也要走向开放。现在很多人希望把国门关起，说中国会强大。错了！中国关门的时间已经很长了，从来都没有证明中国强大过。美国是最开放的国家，所以美国现在还是最强大。不要看美国有时出现的暂时的落后，但美国是火山喷发式的创新，一会儿冒出一个Apple，一会儿冒出Facebook来，只要美国持续开放，谁能阻挡美国前进的步伐？

我们还要走向世界级。现在我们缺思想家和战略家，只停留在将军层面。如果我们都只会英勇奋战，思想错了，方向错了，越厉害就越有问题。所以我们希望你们中间能产生思想家，不光是技术专家，要产生思想家，构筑未来的世界。我们为什么起一条路叫稼先路，就是无名英雄，为什么起了一条路叫隆平路，就是说不要在乎你的学历，不要有自卑感，人人都能作出贡献。所以，我希望你们上研所也能出现一批思想家，我们已经有些将军了，下面要成为思想家的时间更漫长，已经等不了这么多时间，三五年内一定要决策战略是什么。

我们的创新应该是有边界的，不是无边界的

我们应该演变，即便有了长远的战略思想，也是在今天的思想上逐步演变，逐步改进。不要妄谈颠覆性，认为革命一定会被接受，不见得。苹果的成功是四十年的积累成功的，个人电脑就是苹果发明的，图形界面也是苹果发明，后来进入MP3音乐也成功了。MP3时我就说了一句话，这个加个通讯不就更厉害了吗？果然加了通讯，第一代就卖了900万台手机。你看苹果iphone的成功是四十年积累的突破，并非一日之寒。有时候我们不要总想用革命性思想使自己颠覆，人类需要的不是颠覆，人类需要的是技术的高质量的继承与发展。

我们对2012实验室的约束是有边界的。只能聚焦在主航道上，或者略略宽一些。产品创新一定要围绕商业需要。对于产品的创新是有约束的，不准胡乱创新。贝尔实验室为什么最后垮了，电子显微镜是贝尔实验室发明的，但它的本职是做通讯的，它为了满足了科学家的个人愿望就发明了这个电子显微镜。发明后成果丢到外面划不来，就成立了电子显微镜的组织作为商业面的承载。所以无边界的技术创新有可能会误导公司战略。

现在我们说做产品的创新不能无边界，2012放的宽一点但也不能无边界。但我们现在要成就的是华为的梦想，不是人类梦想。所以创新应该是有边界的，不是无边界的。

任总的上述讲话虽谈了很多常人不懂的技术问题，但他似乎让我领悟到，支持华为不倒的真正力量是思想，任正非的“正非”之功正在于他的经营思想和对细节的深刻洞悉和把握。

华为每天都在为明天作准备，自然就拥有明天。

34

基业长青——企业永续经营的准则

10 年前一本名为《基业长青——企业永续经营的准则》的书，在各地大热。作者是美国的詹姆斯·柯林斯和杰里·波勒斯，此书首次出版：1994 年，曾被誉为：20 世纪 90 年代选出的两本最重要的管理书籍之一，也是《福布斯》20 世纪 20 本最佳商业畅销书。

有评论说，如果说《追求卓越》是开启商业管理书籍的第一次革命，那么《基业长青——企业永续经营的准则》则使这次革命达到一个高潮，为所有经理人和创业者带来灵感。柯林斯和波拉斯在这本富于创造性的书中打破了旧有神话，提供了很多新颖的见解，并为那些有志于建立经得起时间考验的伟大公司的人提供了实际指导。

《基业长青》到底是本什么书，提供了哪些有价值的指导？

原来作者柯林斯和波勒斯在斯坦福大学为期 6 年的研究项目中，选取了 18 个“高瞻远瞩”“卓越非凡”、“长盛不衰”的公司进行了认真的研究，从中总结出基业常青公司的诸多成功之宝。

柯林斯和波勒斯确定“高瞻远瞩”公司的标准是：处于所在行业中第一流的水准、广受企业人士崇敬、对世界有着不可磨灭的影响、已经历很多代的 CEO、已经历很多次产品生命周期且在 1950 年前创立。

根据这六条标准，他们选出的公司有：美国运通公司、波音公司、花旗银行、沃尔玛、迪斯尼公司等共 18 家。

作者的目的，即找出高瞻远瞩公司共同拥有的使它们有别于其他公司的基本特质和动力，并把这些发现化为有用的概念架构。

作者研究发现和认为，理念对现实的指导的确是重要的，正是“有一种核心理念指引和激励公司的人”使公司基业长青。书中指出：“高瞻远瞩的公司能够奋勇前进，根本因素在于指引、激励公司上下的核心理念，即核心价值和超越利润的目的感。这种理念在长时间里一直相当固定。”只不过这种理念不是无中生有地产生的，而是那些基业长青公司实践的产物，是这些公司成功经验的总结。

书中特别提到两点：

一. 造钟机制是长寿企业的基础

所谓“造钟”就是建立一个良好的运作机制。企业不能只依赖老板、魅力领袖给大家天天“报时”，而要会造钟。

许多人认为一家公司的持续成长依赖于几位优秀的 CEO 的持续运作，但本书的作者却告诉人们，对一个企业而言，一群聪明人在维持现状的基础上敢于进行新尝试比拥有一个有魅力的领袖更重要，而拥有一个核心的理念并为之奋斗则是企业的关键所在。

其实何尝不是这样，一个伟大的构想会过时，产品会被淘汰，魅力的领导终究会死去。所以，更重要的是建立一套组织，体制和程序，让公司能够不受某个构思、产品、领导的控制和依赖。只有这样的公司才能真正做到基业长青。

二．核心理念是企业赖以生存的前提

核心理念是组织长盛不衰的根本信条，不能为了财务利益而自毁立场。公司要彻底地对员工灌输核心理念，创造出极其强有力，几乎成为教义般环绕这种理念的文化。核心理念是统一企业上下共同意志的文化基础，只有全体成员拥有并认同核心理念，才能获得企业的成功。

按此理论来说，国内的万科应该是一家类“基业长青”企业(只是历史还太短)，万科的精彩不只是他们造了很多房子，成了行业老大，而是其创办人王石基本完成了从“报钟”到“造钟”的过渡。今天的万科已完全不依赖魅力十足的王石来驱动企业的前行，一批优秀的职业经理人体制已成为企业发展的基石。二是万科的核心理念“让建筑赞美生命”已成为企业的精神意志和永恒追求，旗帜鲜明的企业文化和社会责任已渗透在万科的组织细胞。

2014 年 12 月 23 日晚间，万科现任总裁郁亮通过万科周刊这一平台对外发布了一封题为《勇敢探路　坚定转型——致万科全体同仁的一封信》的公开信，信中写道：

2014 年快要结束了。今年是万科成立 30 周年。年满而立的我们，即将踏入第四个十年发展期。就在今天，我们完成了年度回款两千亿的目标。

过去十年以来，我们对于规模数字的态度，经历过三个阶段。在2008年之前，我们也曾一度把规模数字本身作为追求的目标。从2008年开始，我们确立了从速度规模型增长转向质量效益型增长的方针，规模不再是目标，而只是一个自然的结果。而从今年开始，我们对于传统业务规模数字的扩张，甚至要保持警惕的态度。

我们不要忘记，在刚刚进入这个行业的时候，"拿不到好地"几乎就是我们的标签。我们没有任何天赋的资源，除了靠做好产品和服务来赢得客户，我们别无倚仗，也别无选择。但也正因为如此，在这个行业从无到有的骤然爆发过程中，我们几乎引领了行业技术升级和经营创新的每一次浪潮。正因为如此，才造就了今天的万科，为我们赢得了全行业最有影响力企业的桂冠。

领跑是一种理想，也是一种责任。我们是骄傲的万科人，不甘平庸、追求卓越、永怀激情，是深刻在我们血脉里永不磨灭的烙印。

只有那些率先顺应时代变迁，实现商业模式的重大创新，在人类商业史上留下自身深刻印记的企业，才是真正的伟大企业。

在创立之初，万科就旗帜鲜明地提出，人才是万科的资本。而现在，我们可以更进一步提出，为人才提供舞台是万科存在的意义。万科的核心价值，不是财务报表上的一串数字，不是一堆土地和在建工程，而是一群人、一种文化和一组正不断完善着的合约安排。

对于那些有知识、有创造力、有创业热情，但缺少资本积累的人才，如果有一天，万科能成为他们的梦想归宿，那么万科的梦想也就自然实现了。

……

当然，我们还能找出一些类似优秀的企业，不过数量极其有限。

总之，企业永续经营之道重在建立正确的经营战略体系。其中，长寿企业的DNA即价值观理念和远景使命，位于第一层次，长期稳定而不随时代大起大落；第二层次是企业赖以生存的主营领域，至少深耕几十年甚至上百年；第三层次，即中短期的经营战略。在时代、环境、新技术、资源不断变化的过程中，想要基业长青，必然要有强大的前瞻力，贴近市场变化，保持资源与业务的最佳匹配，使企业永葆活力。

记得法国一位名人在美国开国之初曾问著名的政治理论家翟姆斯维尔，美利坚合众国的生命到底能维持多久？

翟姆斯维尔回答说："阁下，只要各位开国元勋的信念与原则能永远留在人民的心中，美利坚合众国的根基就会屹立不倒。"我想企业也一样，企业创始人的信念与原则一定要让员工知晓，并为大家所坚守。

如此，企业才能不断走向前方！

35

企业：如何长成一棵大树

大家都习惯说，要把企业做大做强。我想说企业不是“做”大的，是“长”大的。

企业作为一个生命体，是要遵循其成长规律，靠拼凑做大的企业其生命体往往不坚固。

企业应像树一样地生长，并期望长成一棵挺拔的大树。

一棵小树如何成为大树？

第一：时间。一棵小树要长生大树，需要一年一年，经历无数的风吹雨打。

启示：想成为大树，就不要和草去比。短期来看，草的生长速度和树相比，肯定是草的长势明显，但是几年过后，草换了几拨，但是树依旧是树。所以这个世界上只有古树、大树，却没有古草、大草。

做企业也要有耐心，不要急于求成，别想一步登天，企业变大需要一个生长的过程，同样需要经历一年一年的风吹雨打，需要持久的发展力。

第二：不动。一棵小树种下去，如果移来移去，那很有可能活不长。

启示：做企业要定位清晰，要战略坚守，不可花心，不要一遇挫折就放弃，胜利往往在“再坚持”一下的努力之中。企业组织、人员、产品质量都应有相应的稳定性。

第三：根基。一棵小树要生长好，根要扎得深，根不深，一遇强风就可能腰折。

启示：真正的独一无二，在看不见的地方。其实树冠的造型、树干是差不多的，而只有根是独一无二的。伟大的企业，常常被模仿，却很难被超越，因为你看得见它的产品、服务，甚至技术，却看不见它的文化价值观。做企业要做企业文化，让企业的核心价值观渗透到组织的每个角落，并扎下根来。另外，无论做哪行，要专业、要做精做深。

第四：向上长。一棵小树要成为大树，要昂头向上，要给他伸展的空间。

启示：做企业要有高目标，力都朝同一个方向使，要不断创新、不断精进，要给自己创造成长的空间。

第五：向阳光。一棵小树的生长要拥抱太阳，沐浴阳光，如此才能坚硬挺拔。

启示：做企业要面向市场，要以客户为中心。没有客户的喜爱和呵护，企业就是无根之木。客户就是企业心中的太阳。

另外，企业成长，实质包括“质”和“量”两方面的成长。

质的成长体现为企业综合实力的增强，量的成长体现为企业规模的扩张。企业在成长过程中先求强、后求大，只有保证质的提高与量的增长，才能真正实现企业的可持续成长。

当然，无论是树的生长还是企业的生长，其过程需要健康做保障。

问题是树健康不健康要看树皮、树枝和树叶，人健康不健康，到医院做个体验就知道了，验血、透视、各项技术指标检查加医生问诊，健康状况立马就有结论。

那企业健康不健康，如何判定？

目前为止，好像还没有一个公认的“指标”。即定量的标准难以精准，但定性的描述可以说已有不少。

事实上，在没有公认确定的指标之前，我们只能从企业的实践及上面大量的案例中，从正反两个方向来寻求答案：

一是失败企业（显然是不健康的）有何特征？

二是优秀企业（可称着为健康的）有何特征？

综合而言：如何判定企业健康不健康。

一看精神层面：

企业有没有信仰、有没有信念，有什么样的愿景和使命，用什么理念指导企业运营，有没有公义精神，员工的精神面貌和快乐感如何。

二看行为层面：

企业家的智慧和领导力是否得到了体现，企业做人做事的态度、风格，先进性、责任心、诚信度、纪律性、规范性、道德水准，以及组织协调、团队合作和执行力如何。

三看物质层面：

企业环境、形象，产品品质与服务，经营成果、业绩水平和外部声誉，独有价值（特别是无形价值的比重），人才队伍、员工福利，社会贡献等。

美国《财富》多年来一直评选受尊敬的企业，其依据和标准：

- 产品和服务的地位
- 长期投资价值
- 公司资产的合理利用
- 创新能力
- 管理质量
- 财务稳健程度
- 吸引和保留人才的能力
- 社会责任
- 全球化经营的有效性

全球最著名的管理学大师汤姆·彼得斯（TomPeters）和沃特曼通过对 IBM、德州仪器、惠普、强生、3M、DEC、P&G、麦当劳、达纳、艾默生电气等 43 家美国最成功企业的观察，提出了卓越公司的八大特质：崇尚行动、贴近顾客、自主创新、以人为本、价值驱动、坚守本业、精兵简政、宽严并济。

另外，前面已提到还有学者专家总结出优秀企业有如下共性：

- 人的价值高于物的价值
- 共同价值高于个人价值
- 社会价值高于利润价值
- 用户价值高于生产价值

以上都有很好的参照性。

作为补充，我设计了以下“企业生命力”结构表，一并供作参考。

企业生命力结构表

能力	要义	特质
稳定力	企业按既定目标、方向持之以恒坚忍不拔专注专心的能力	战略清晰、定位准确、决策稳健、专注专心、从容坚守、坚忍不拔
变革力	企业为适应内外部变化而自我革命、自我调整的能力	领导魅力、团队坚强、勇于变革、善于学习、不断创新、反应灵敏
抗击力	企业能经受激烈竞争及各种突发性事件打击而不败的能力	危机意识、查漏补缺、护城边界、应急准备、外部资源、组织能力

总之，一个健康的企业，一个生命力强大的企业一定在其生命旅途中，创造出一种基因，开始可能性只是创造了产品基因，以后创造了良好的组织基因：企业文化、商业模式、品牌。最后创造了社会基因或者思想基因，跨越企业的边界，影响人类社会文化和观念，以及社会进程。

当然，企业的整体健康度一定与社会的健康度密切相关。

36

公司为什么活着

公司为什么活着？这是对企业的终极发问，也是我们探求企业长寿基因的意义所在。

2015 年 8 月，我参观了长沙的远大集团，从公司书架上的一本杂志上读到了王瑞斌先生写的《公司为什么活着——远大：超越对利润的病态追求》一文。文章写道：

牟其中与南德、胡志标与爱多、唐万新与德隆、黄光裕与国美，无不成为中国市场经济初期一个独特阶段的“历史囚徒”，揭示了“英美模式”自由主义商业信条下，中国企业家普遍遭遇的“囚徒困境”：只要仅以“利润”为企业目标，都要被迫做出同样的选择，在追求自身利益最大化的同时承担“毁灭”的命运。

然而，张跃所代表的另外一些中国企业家则选择了一条“反者生存”的道路：坚持“不污染环境”“不恶性竞争”、“不行贿”“不借款”“不上市”……在追求企业意义、实现企业社会价值的同时，通过聚焦良性利润超越了企业对利润的病态追求，获得了可持续竞争力。

对于企业家而言，天堂和地狱的差别就在商业观念选择的一念之间。

我们必须追问：公司为什么活着？

公司在追求什么

“午夜是一个适合思考的时候，还有多少未眠人。人生起起落落，到底在追求什么？”一条看起来无比简单的微博却给我们带来难以言传的震撼，因为发这条微博的是一个不简单的人，他是胡志标。

下面紧接着还有一条，“经历过人生大起大落，深深的感慨：‘中国的民营企业家们都是扛着棺材上路的！”，自称“从地狱回来”的胡志标，对企业家群体命运的感悟刻骨铭心。

对于这一点，胡志标是有发言权的。15 年前，26 岁的胡志标 80 万元起步涉足 VCD 制造，在不到 2 年的时间里创下 27 亿产值，缔造了“爱多神话”，不料鼎盛时期危机乍现：股东分歧、资金困难、供应商债务、管理层震荡，民营企业遭遇到的一系列普遍问题将爱多卷入漩涡，这位商界奇才也“扛着棺材”步入“地狱”。

胡志标的经历是一群人的缩影，从牟其中到史玉柱、从唐万新到宋如华、从周正毅到黄光裕，无不在登顶时刻变身成为市场经济初期一个“历史的囚徒”。尽管遇到的具体问题各有不同，但其中共性是：在追求实现自己目标的过程中不可避免地陷入“囚徒困境”。

这是一个不断被重讲的经典故事：两个嫌疑犯被警察抓住，分别关在不同的屋子里审讯。这时，如果这两个“囚徒”一起“合作”都不招供的话，可以为全体带来最佳利益（无罪释放）；但由于信息不明，彼此都不知道对方的选择，首先出卖对方反而为自己带来最佳利益（缩短刑期）；然而，如果都选择背叛出卖对方的话，反而谁也得不到利益（均被判刑）；这就是数学家阿尔伯特·塔克 1950 年讲的“囚徒困境”。

其中原理是：选择追求自身利益最大化，不惜损害全体利益，结果反而谁也得不到利益，这就是“困境”所在。虽只是个理论模型，“囚徒困境”却在市场经济、环境保护、社会生活中被频频印证。

当年胡志标为扩展市场规模，1997 年 6 月启动“阳光行动 A 计划”，降价 45%大打价格战，不仅令步步高、金正、万利达等巨头叫苦不迭，成百上千中小 VCD 厂商纷纷倒闭，最终爱多也自食苦果，造成产品积压、利润受损、资金链断裂，引爆爱多危机，这是一个典型的“囚徒困境”。

然而，这并非胡志标一个人的命运。

在胡志标的“爱多神话”和唐万新的“德隆帝国”轰然崩塌之后，从三鹿奶粉猝然倒掉到紫金矿业污染汀江、从吴英非法集资被捕到王德军巨额行贿落马，中国企业家们“扛着棺材踩雷”的悲剧故事并未停止上演。这些表面看似毫无关联的事件背后隐含着一个共同的逻辑，正如秦晓指出的那样：中国企业在成长过程中长期受到主流英美模式的影响，企业和股东利益最大化成为中国商业机构的信条。为此不惜牺牲环境，损害相关者利益，甚至挑战法律、铤而走险、“以身殉雷”。

秦晓指出了一个大多数中国企业家没有注意的问题：欧洲和美国在经济运行机制及企业经营理念上有着巨大差别。这正是法国经济学家阿尔贝尔和澳大利亚管理学家阿芙利在各自著作中探讨的共同问题。以美国和英国为代表的英语国家的市场经济模式及其公司管理模式，被称作“英美模式”；莱茵流域的西欧国家（主要是德国、还有瑞士、挪威、瑞典等国）所奉行的市场经济和企业管理模式，被称为“莱茵模式”。

“英美模式”的基本商业原则就是维护资本的利益和实现股东利益最大化，并在投资者和资本市场的压力下，把追求股东（短期）价值最大化，把实现企业短期盈利目标的重要性推向极致，不惜牺牲环境、社区和员工利益，将之转化为外部性成本；莱茵模式的商业原则以社会公平的理念为基础，强调企业及其利益相关者的相互依赖性，重视企业的社会责任和环境责任，致力企业长期可持续发展。

这是两种截然不同的市场经济模式，这两种模式下的商业原则及其企业治理模式也完全不同，甚至相互对立。正如亚里士多德所说的那样“行为取决于观念”，正是在对不同商业观念的选择之间，企业家及企业经营行为，产生了方向差别和重大分野。对于企业家而言，天堂和地狱的差别仅在一念之间。

任何企业家只要基于“英美模式”商业原则，都要被迫做出同样的选择：选择追求自身利益最大化，不惜损害“他者”的利益，导致普遍的“囚徒困境”，最终自食其果。这是中国企业家“扛着棺材踩雷”悲剧命运的密码所在。

就在胡志标登上巅峰发动价格战的那个时段，张跃开始思考做企业的意义。他研究哪一种企业可以持久下去的规律，莱茵地区企业经营理念给他留下了很深刻的印象，他最终发现了比产业规模、成长速度、经济效益更本质的东西：就是服务社会，创造有价值的东西。这奠定了他做企业的框架：用理念来办企业，使企业成为具有广泛社会影响的机构，除了产生商业影响之外，也能够对人们的生活、行为和价值观产生影响。

当“企业和股东利益最大化”成为大多数企业家的信条，他们带领公司走上一条抢速度、拼规模、追利润、信奉“适者生存”的道路时，张跃及其远大却与此拉开距离，选择了一条“反者生存”的道路，多年来不合资、不贷款、不上市。一系列企业经营理念和管理模式与中国商业主流做法不仅大相径庭，而且格格不入，这使得他和“远大空调”成为中国企业界的一个另类。

1997 到 1998 年对于胡志标和张跃而言，都是具有历史意义的一年。1997 年胡志标成为“标王”爱多产值 27 亿；远大产值达到 20 亿，张跃买了中国第一家私人飞机；1998 年，胡志标推出“阳光 B 计划”继续抢滩市场，他到飞利浦总部参观时受到元首级别的待遇——红地毯加私人飞机；张跃开始战略转型，销售减速，管理加强，推出了《远大宣言》，塑造企业文化。

从此，两个人，两个企业的命运发生了戏剧性的分野。两个方向的选择，10 年之后才清晰地看到差别：爱多在追求规模扩张的快感中，轰然倒塌；远大牺牲掉的是速度、规模、利润，避免掉的是中国公司“囚徒困境”下“踩雷”的普遍命运。

凡是接触过胡志标的人，无不为其人格魅力所叹服，为人很正、看事物很准、对身边人都很好。然而悲剧恰恰在于，性格的完美无法弥补理念的缺陷。在“弱肉强食”的丛林法则下，曾经梦想成为“松下幸之助”的胡志标也是一只注定要被伤害的“出头鸟”。

希腊神话中佛律癸亚国王米达斯对财富渴望至极，向酒神祈祷。酒神狄俄尼索斯满足了他的愿望，赐予他“点石成金”的法术。他非常高兴，不停地把看到的所有东西都点成黄金。最后，身边的一切：房屋、桌椅、食物甚至自己心爱的女儿都被“点”成了黄金。他根本无法生活，这是一个黄金地狱。最后他向神祈祷，一切才恢复原状。

古罗马诗人奥维德讲这个故事的时候，是想告诉人们有比追求财富和快乐更重要的东西。张跃告诉我们这个更重要的东西是幸福。支持他信念的是与主流“丛林法则”相反的“农场法则”。

“途径的完美与目标的混乱，似乎成了我们这个时代的一大特色”，爱因斯坦说得没错。奥维德讲的这个故事道理虽然简单，但难于被人接受，因为仍然有“扛着棺材踩雷”的悲剧故事不断继续。

我们需要追问的是：公司起起落落，到底在追求什么？

这里，我不想过多介绍“远大”，也不必回头评论“爱多”，虽然，我也并非完全赞同文中的某些说法及对“英勇模式”的分析，我只是希望更多的人和企业家来思考，并用正确的行动来回答：公司为什么活着！

后　记

谋事要有计，做企业不例外。

《孙子兵法》中有三十计，本书就“企业如何长寿”也通过三十六篇小文给出了一些“计”。

是计非计？只能由读者自悟。

客观来说，如今人们不缺信息、不缺知识，缺的是思考、缺的是时间。本书的价值或许就是为读者节省了一些时间，提出了一个有意义的问题。

事实上，探求企业生命力可以说是寻解企业一切管理和发展问题的核心。

说得更大一点，关乎到国家的经济安全和强盛。

中国的开放、经济的发展，人们越来越深刻地认识到，国家实力的强弱，关键在于企业的强弱；而企业的强弱，在于其生命力的强弱。

当前，中国经济进入了一个特殊和困难的时期，企业的生命力面临着一场大考。如何安全生存，活得长久，是所有企业需要问计求解的严肃问题。

当然，“企业生命力”是一个需要企业自身通过实践并不断探索、永无终结的命题。尤其对于相对年轻的广大中国企业群体，更好地认识它，才能在风口年代（经济增长、机会多多）和眼下艰难时期（经济下行、转型镇痛）更好地前行。

简单梳理一下本书的内容，显现在我们面前的企业长寿基因大致有：信仰、诚信、家族化（文化传承）、专注（不浮躁）、精业（工匠精神）、责任……

看似平常，但内涵十分丰富；看似简单，但真正持久坚持不易；有些看似有点“落伍”，与当代经营理念甚至不合，但其生命力价值却无可替代。

是金是银，只有历史才知；是扬是弃，惟由企业定取。

在此，我要感谢互联网，感谢互联网这个工具为我们提供了大量的资料，让我们能快速回看一段段历史；我要再次感谢书中引用到的文章资料原作者，是因为你们才有了此书，希望此书也有助于大家传播了知识和思想。

另外，我还要感谢为本书出版出智出力的大任智库创建人卜安洵先生，《培训》杂志副总编常亚红先生，以及出版社的资源编辑陈茜女士等。

最后，感谢各位读者，因为你们此书出版才有点意义。

希望大家提出宝贵意见！

联系方式：1046808513@qq.com

图书在版编目(CIP)数据

企业生命力：探寻企业的长寿基因 / 郭明全编著. -- 南京：江苏人民出版社，2016.6
ISBN 978-7-214-18011-7

Ⅰ. ①企… Ⅱ. ①郭… Ⅲ. ①企业发展—研究 Ⅳ. ①F272

中国版本图书馆 CIP 数据核字(2016)第 105260 号

书　　名	企业生命力:探寻企业的长寿基因
著　　者	郭明全
出版统筹	杨　健
责任编辑	陈　茜
出版发行	凤凰出版传媒股份有限公司 江苏人民出版社
出版社地址	南京市湖南路 1 号 A 楼,邮编:210009
出版社网址	http://www.jspph.com
经　　销	凤凰出版传媒股份有限公司
照　　排	江苏凤凰制版有限公司
印　　刷	江苏凤凰通达印刷有限公司
开　　本	718 毫米×1000 毫米　1/16
印　　张	16
字　　数	250 千字
版　　次	2016 年 7 月第 1 版　2016 年 7 月第 1 次印刷
标准书号	ISBN 978-7-214-18011-7
定　　价	55.00 元